20代に伝えたい

50のこと

秋元祥治

ダイヤモンド社

はじめに
今日からすぐできる50のこと

夢に日付を入れようとか、自分らしい働き方をしよう、なんて言うけれど、どうしてよいかピンとこない。会社は急には変わらないし、上司や同僚とだって、特にうまくいっているわけでもない。

なんとなく今のままじゃいけない気はするけれど、だからといって「これがやりたい！」ってことがあるわけでもない。夢を描けとか、目標から逆算して中間目標を設定しろ……って話を聞いても、浮かんでこない……。

それでも、自分らしく働くことはあきらめたくないし、なんとなく、幸せでいたいって気持ちもある。そりゃ、ま、成長もしたい。

どこかすわりが悪いというか、ピタッと来ていない感じ。今のままじゃいけないこともわかっていて、でもどうしてよいかわからなくて、なんか焦る。

今、この本を開いているあなたの心には、少なからず、そんな思いがあるのではないでしょうか。

そうだとしたら、この本があなたの手にわたって、本当によかった。

この本は、38歳になった僕が、20代の自分自身に伝えたいことをまとめたものです。

ここ数年、大学で授業をする機会を得て講義をすることが多くなりました。時には、20代半ばの若手ビジネスパーソンを対象にしたセミナーでお話をさせていただくこともあります。そのたびに「この講義で、価値観がガラッと変わりました」「間違いなく人生の転機になりました」「これまで持っていた、働くとかお金に対しての、考え方が変わりました」……といった感想がたくさん寄せられました。そうした感想の声を目にする中で、より多くの人々に届けることが求められているのではないか、と思うようになり、パソコンを開いて書き出したのです。

偉いおじさんにお説教されるようにではなく、今日から、明日から、具体的に何をどう変えたらよいのかを、まとめました。

気持ちを切り替えろ！とか、気合いで！とかいう精神論ではありません。やる気のスイッチなんてどこにもないし、がんばれと言われてがんばれるなら苦労もない。

「言われてみれば、あ、そうだよね」

とストンと腹落ちして、**行動を変え、習慣を変え、そして毎日まで変えてしまう、具体的に今日からできる50のことを集めました。**

とりあえず、読みながら気になったところには線を引いたり、その場でツイッターでつぶやいてみたりしながら読んでみてください。

「あっ、これいいな」「ちょっとやってみようか」って思った心の中のざわめきやドキドキって、読んだその時は熱くなっても、しばらくすると消えてしまうから。

だから忘れてしまわないように線を引いたり、SNSにメモがわりに発信してみてください。


僕は岐阜県岐阜市の、父はサラリーマン・母は専業主婦の平凡な家庭に生まれ、地元・柳ケ瀬商店街のすぐ近くで育ちました。大学進学をするなら都会に行ってみたい……と思い上京。JR新宿駅東口を出て「スタジオアルタ」を見上げ、ついこの前までテレビの中で見たところだ……と驚いたことを覚えています。

とは言っても、大学に入り特に夢ややりたいことがあったというわけではありませんでした。楽しいことをしたいとか、お金は稼ぎたいな……といった漠然とした思いだけ。これといった目標も特になく。

たまたま友人に誘われて大学1年の夏前に参加した、フリーペーパーの編集会議。雑誌だなんてプロが作るもの……そう思っていた僕にとってはとても衝撃的な場でした。学生を中心に社会人やフリーターも参加して、自分たちで広告を集め、取材をして記事を書いて制作する。学生でも、10代でもフリーペーパーの制作や編集だって、１００万円を超える予算を集めることだって、できるんだということに気がついたのです。つまり、できるはずもない……と考えもせず、ハナからあきらめていたことだって、案外取り組んでみればできるんじゃないか、と新鮮な驚きだったのです。

そして在学中の21歳の時、Ｇ‐ｎｅｔというNＰO法人を立ち上げ、約16年間代表をつとめてきました。とはいっても、起業したいとか社長になりたいなんて考えたことは一度もなかったのに、です。

その契機となったのは、20歳の夏に帰省をしたことでした。

生まれ育った実家近くにある商店街で、デパートが撤退し、更地になっていたのです。アーケード街の中からはぴったり建物が立っていれば空は見えないはずです。しかし、デパート跡地は更地になり、そこから空が見えたのでした。小さな頃には鬼ごっこをした場所だけに、そこから見えた空に、なぜだかとても大きな衝撃を受けたのでした。

近所の商店主さんに話を聞けば、口をつくのは「駐車場がないからだ」「アーケードが古いからだ」「駅の再開発が進まないからだ」「景気が悪いからだ」……といった他人のせいにする言い訳ばかり。そんな大人とふれる中で、僕の心の中には、恩師・鈴木寛さんに教えていただいた言葉を思い出しました。

うだうだ言って、何もしない人たちよりも、
うだうだ言われてでも、何かしている人のほうがずっとずっと偉い。

同じように、僕も街の衰退を目にするなかで、うだうだ言うだけでは終わりたくない。特にだいそれたことをしたいわけではなかったけれど、気づいたのに何もしないのはカッコ悪い。カッコ悪い自分は、嫌だなと思ったのです。

だからできることは始めたい、それがＧ－ｎｅｔを創業するきっかけでした。

Ｇ－ｎｅｔは、一見地味だけれど実は魅力的でカッコいい、地域の中小企業を見出し、その魅力を発信します。一方で、何か面白いことをしたい、挑戦したい……という若者には「実践型インターンシップ」や「就職サポート」という形で、地域の中小企業を舞台に挑戦の機会を提供する……といったコーディネートを行っています。

Ｇ－ｎｅｔでの日々から多くの気づきを得ることができました。都会の大企業でなくても、地域の小さな会社にもキラキラ光る魅力があるということ。多くの人が注目しないものの中にも、様々な魅力や可能性があるんだということに日々驚きました。

辛く苦しいことに耐えて、その引き換えにお給料をもらうのが仕事と、もし言うならば、Ｇ－ｎｅｔでの働き方は真逆。様々な出会いと気づきの連続の中で、「こんなに楽しくってやりがいばかりで、その上でお給料をもらえるなんて最高な仕事だ」って感じでしたから。

自分の取り組んでいることの一つ一つの意味を実感できて、仕事に確かな手触り感がある感じ。まさに、毎日が「やりがいだらけ」の日々を過ごすことができました。

今では、Ｇ－ｎｅｔは経済産業省からいくつもの賞をいただくようになりました。そして、日本を代表するソーシャルビジネスの一つとして、高校「政治・経済」の教科書に掲載いただけるようにもなりました。

さらに2013年からは、売上アップをサポートする公的な中小企業相談所「岡崎ビジネスサポートセンター・OKa-Biz」のセンター長も拝命しました。年間600件と設定された相談件数も、開設4年目で2500件を超え、当初目標の4倍以上、4年間で8000件を超える相談をお受けしました。相談の予約は今も1ヶ月近くお待ちいただかねばならず、「行列のできる中小企業相談所」と取材記事に書いていただくこともありました。さらに、中央官庁の委員にお声がけいただく機会にも恵まれています。

G-netでもOKa-Bizでも「手を挙げて、行動する」人を増やしたい。そして、挑戦する人を応援したい。そして何より自分自身が、挑戦を重ねる生き方をしたいと思ってきました。

一方で、毎日のように大学生や若手社会人と面談や対話の機会を重ねる中で、多くの20代がこれといって明確な不満があるわけではないけれど、しかし、何か満たされない、ピンとこない……そんな座りの悪さ、ともいえる感覚を抱いている、と感じるようにもなりました。

僕自身、これまで大きな失敗もしてきましたし、ずいぶんと遠回りもしてきました。G-netも当初はまちおこしイベントの企画運営からスタートし、今日の取り組みに至るまでには事業内容も変遷を経ました。自身が立ち上げた事業をやめることは、思い入れがあっただけに苦渋の決断でした。

また、関わる人々が幸せな組織だろうか……と悩むことも何度もありましたし、もちろん資金繰りや黒字の確保にもずいぶん苦戦した時もあります。

身の周りによかれと思って始めた取り組みでしたが、「目立ちたいだけだ」「調子に乗って、生意気だ」と叱られたりすれば、もちろんしょんぼりもしました。何より、僕自身のキャリアや生き方も、これでよいのだろうか？　と自問自答を繰り返すことも多々あったのです。振り返れば「人生最大のピンチがやってきた……」と途方に暮れることも一度や二度ではなかったと思います。そのたびに、多くの人々に支えていただき、そして少しずつ自身も成長をしてきたのかもしれません。


もし、タイムマシンが発明されて20代の頃の自分にこの本をわたすことができたなら、と思ってしまいます。そうしたら、もっと早く多くを学び、高く面白いステージを重ねてこられたのではないかと思うほどです。もちろん、その想いが叶うことはありませんが、この本を手に取ってくれた、あなたは違う。

僕が20代の頃に知っておきたかったことを、今、この瞬間から知り、行動を始めることができるのです。

50のうち、まずはひとつでもいい。

ぜひ明日から、と言わず今日から、実践してみてください。

そして、ブログでもSNSでもなんでもいい。その記録を綴ってみてください。


一つひとつの記録に、大きな変化はないかもしれません。

でも、昨日の自分より、今日の自分が進んでいると実感できたら、嬉しいですよね。

小さな行動が習慣になり、30代になって振り返った時、自分では想像すらできなかったほど遠くへ来ていることに気づくはずです。

そして、いつしか誰よりも自分らしく生きている自分にも。


これからの生き方を模索する20代のあなたにとって、本書が何かのきっかけになれば、これほど嬉しいことはありません。

20代に伝えたい50のこと ●目次

20代に伝えたい50のこと

001

あなたはあなたの経営者。だからあなたが決めたらいい

ここ数年大学で授業を担当させてもらっている中で、文系・理系関係なく経営ということをテーマに取り上げます。できるだけ、多くの実際の経営者に登壇してもらうようにもしています。そんな中、各授業科目で必ず聞く質問があります。学生に「将来、自分で起業や独立したい人っていますか?」という問いを投げかけるのです。

ですが、自分で会社を起こしたい、とか、自身でお店を持ちたいとかって思う人はそんなに多くないようです。だいたい1割から、2割くらいでしょうか。50人の教室で、6、7人が恥ずかしそうに手を挙げてくれます。もちろん、中には意気揚々と、挙手してくれるヒトもいますが。

そこで、僕はいつもこう伝えるのです。**「手を挙げなかった残りの9割近い皆さん、あなた**

も経営者なのですよ。しかも、もうすでに経営者なのです」。そう伝えると、ほとんどの学生はポカーンとするのです。

あなたは、あなたの人生の所有者（オーナー）でしょ。そして、あなたはあなた自身の経営者なんだ、とお伝えします。誰のものでもなく、自分自身の人生ですからね、もちろん。

だからこそ、経営について学ぶことは、誰にとっても大事なんだって。

経営とは、辞書によれば**「事業目的を達成するために、継続的・計画的に意思決定を行って実行に移し、事業を管理・遂行すること」**と書かれています。この事業という言葉を「自身の人生」と置き換えてみれば、ピタッとくるのではないでしょうか。

企業経営は、有限な経営資源（スタッフ、資金、知財、設備……）を活かしながら事業目的を達成するために、優先順位をつけ、資源配分を最適にしていくことと言い換えることもできます。

人生もまた、夢や思いを達成するために時間やお金といった限りのある資源をうまく活かしながら、計画をつくり実際に決めて行動していくこと。継続を通じて、そして夢や思いの実現をしていくこと。

こうとらえてみると、確かに**僕は「秋元祥治」という人生（いわば会社）の経営者だということになります。**だからこそ、自身で起業をしたり、独立してお店を持つことはなくても、企業経営ということについて知識を得たり、実際に経営者のお話を聞くことはとても意味のあることだと思います。そのエッセンスは、自分自身の人生のオーナーであり、人生を経営していく上で相通じることがとても多いのだから。

学生の頃や20代の頃に、会社を経営する人と出会う機会というのはそれほどないのかもしれません。また、いざそんな機会に恵まれてもどんな会話をすればよいだろうか？　と困惑してしまうかもしれません。けれども、自身の人生経営を重ねてみれば質問も浮かぶはず。

自分の夢ややりたいことが見つからないのならば、こう尋ねてみてはどうでしょう。「会社のビジョンや目指す先はどう決めますか？　悩んだり、決められない時はありませんか？」と。限られた時間の中で、やりたいことがたくさんありすぎるのなら「複数のプロジェクトや事業課題が並列している中で、どうやって優先順位をつけていますか」と聞いたらよいかもしれません。会社を経営する上で大事にしている考え方は、言い換えれば自身の人生を経営していく上で、やはり大事にしていく考え方といえるでしょうから。

僕は仕事がら、多くの業種の経営者の方々にお会いします。幅広い業種の方々のそれぞれのお話ももちろん興味深い。そしてそれ以上に、経営の仕方や判断の基準をお伺いすることは、自身生き方を考えていく上でもとても有意義で勉強になることが多いのです。

おわかりになったでしょう、この本を読んでくださっているあなたも経営者なのです。自分は、自分自身の経営者。そういう視点を持った瞬間から、ものの見方も変わるでしょう。

たとえば企業の場合、収益が見込める事業があればお金を借り入れてでもそこに先行投資をしていきますよね。そして投じた費用以上に、利益を上げていく。またその利益を次の事業の投資に充てて、利益を生み出していく……こうしたサイクルを回すことを経営というわけです。

これを、自身の人生に置き換えてみてはどうでしょう。お金とともに大事で有限な資源は時間です。お金や時間を投資して、それによってリターンを得ていくということです。たとえばお金や社会的評価、自身の成長といったものでしょう。お金や時間を使う時に、その費用対効果を意識してみる。あるいは、それをより長い時間軸の中で考えていくという、ものの見方にも気づくことができるのです。

そして、**自身が自分に対して最終的な経営責任を持つということ。**

だから、最後はいつも決めるのは自分。親も友人も、お世話になっている人のことも、もちろん大事。世間の評価も無視すればいいわけでもない。けれど、決めるのは、結局自分。そして、動くのも自分。

だから、自分で自分自身を経営するんだ。

あなたが、あなたの経営者。

だからあなたが決めたらいい。

そして、自分で動くんだ。

002

お金と時間をどう使うかで人生決まる

経営とは限られた資源を、優先順位をつけて、そして最も効果が上がるように資源配分していくこと。**自分自身の限られた経営資源として、真っ先にあがるのが「お金と時間」なんです。**

もう何年か前だったでしょうか。甲子園で花巻東高校のエース投手として活躍した菊池雄星さんと、プロゴルファーの石川遼さんの対談が、テレビのゴールデンの時間帯で放送されていました。年下でまだ20歳の青年ふたりの対談が番組になっていることにも驚きましたが、もっと驚いたのはその発言の内容でした。

菊池選手は「お金と時間をどう使うかで人生決まると思っているので、投資する場所を野球に使うのか、遊びに使うのか」といった趣旨の発言をされていたのです。

「人生は、お金と時間を何に使うかがすべて」というお話は、ストンと腹落ちしました。

では、お金や時間をどのように使えばよいのでしょうか。

時間やお金を使うというのは、何かをしたり買ったりするということ。その時に「投入するコスト」と「得られる利益」を比べて、浪費・消費・投資と3種類に分けることができると思います。

【浪費】とは、投入するコストが得られる利益よりも上回る場合。たとえば1000円で買ったものが、買ってみたものの、それ以下の価値だった時に、「あーあ」となるわけです。これを浪費と呼ぶこととします。

【消費】とは投入コストと得られる利益がほぼ同程度の場合。たとえば自販機で120円でジュースを買うのは、それと同等の価値があるから、買うわけですよね。投入するものと得られるものがほぼ等価のものを、消費と呼ぶこととします。

そして**【投資】とは、投入コストよりも、得られる利益のほうが大きなもののことを呼ぶこと**にします。ここでいう投資とは、単に株式など金融商品を買って運用することを指すわけではありません。

たとえば知見が広がったり、自身が成長をすること、ネットワークが広がることはリターンの一例。この先の将来を考えた時に、投じたもの以上に得るものが多そうだと感じるものが、自身にとっての投資ではないでしょうか。
今回のお話のポイントはここです。投入するコスト以上に得られる利益が大きなものを、投資と呼ぼうということです。

僕は学生の頃、様々な職業につく社会人との飲み会に誘われるたびに、財布の中身を見ながらも、必ず参加しようと決めていました。4000円前後の参加費は学生の懐には正直痛かった。けれど逆にいえば4000円で色々な人々の経験を聞き、ネットワークを広げることは参加費用以上の価値があると思っていました。一方で、単に時間を切り売りするだけのアルバイトはできるだけ避けようと思っていました。自身の成長や新たな出会いにつながるような、そんな時間の使い方に充てたいと思っていたからです。
もちろん、人によって目指す生き方によって、何が投資に当たるのか、考え方も変わるでしょう。テレビドラマを見続けることを時間の浪費と考える人もいれば、大切な娯楽＝消費と感じる人もいるでしょう。真剣に放送作家を目指す人にとっては先行事例にふれる貴重な未来への投資の時間なのかもしれません。

では自身をひるがえって考えた時に、お金の使い方や時間の活かし方は投資となっているでしょうか。そして、時間やお金を投資する、いう視点を持てているでしょうか。

ご存知の通り1日は24時間。ということは、1週間は168時間になります。1年間は、というと24時間×365日で、8760時間となります。

結局日々どう過ごすかは、1年・8760時間を睡眠や読書、仕事などにどう分配しているかということです。

睡眠や食事、入浴など生きる上で不可欠な時間を除けば、さらに可処分時間は少なくなります。その可処分時間をテレビ観賞に使うのか、読書に使うのか、ぼーっとするのか。友人との語らいなのか、それとも資格試験の勉強なのか。今までだって、無意識のうちに自身の価値観・モノサシで、時間の使い方に優先順位をつけて、そして割り振りを決めてきたのです。

今一度、ここで自身の時間の使いみちを書き出してみましょう。たとえば僕の場合、ヘアサロンでの白髪染め、毎度1・5時間かかるとして毎月……と考えれば、この先40年間で720時間も白髪染めをするんだ……と気がつくわけです。それならその分、読書や会いたい人に会うために時間を使いたい……と考えるのです。

ぜひ自身にとってそれぞれの時間の使いみちが、投資・消費・浪費のいずれだろうかと振り返ってみてはいかがでしょうか。

そして、同じ時間を過ごすにしても、意識の持ち方一つで大きく活かすことだってできるのです。

業務で研修会やセミナーに参加するなか、つい居眠りをしちゃった、という人もいるでしょう。もちろん疲れきっていて眠いのならまだしも、多くの場合は「研修ダルいから、つまらないから」という理由で寝ていたのではないでしょうか。睡眠を必要としていないのに眠っていたのは、研修の一コマではありません。限られた、自分の人生の1時間を寝て過ごしたということになるのです。だとしたら、異なる時間の活かし方があったのではないでしょうか。

お金と時間という有限なものを、どう活かすのか。
その使いみちを投資とできるようにするために、
優先順位をつけて、限りある資源をどう有効配分するのか。

お金と時間をどう使うかで人生決まるのです。

003

人生に正解はないのだから、自分で決めて納得できるかだ

僕が初めて大学の教員になったのは、2008年のこと。「大学で授業をしたい」といたるところで言っていたら、紹介をうけて28歳の時に四日市大学で非常勤講師を拝命しました。それから10年経ちました。当初から、そしてここ最近はより、就職や仕事というものについての得も言われぬ不安感を持っている人々が多いように感じます。メディアを通じて伝えられるニート・フリーターの問題や早期離職者のニュースの影響もあるかもしれません。ただ、根源的には何のために働くのかということ、あるいは人生のあり方の正解はなんだろうという答えを知りたい、ということなのかもしれません。

いつも授業の初めにお伝えすることがあります。

高校までと、大学以降はルールが全く変わるんだ。
大学入試までの受験勉強は、1つの答え【絶対解】がある。
だけれどもここから先は違うんだよ、と。

一人ひとりの幸せや価値観も違うんだから、生き方やキャリアに【絶対解】はない。
自分自身で考えて、悩んで、そして自分で決断する。
そして、納得して選ぶ【納得解】しかないんだ、と。

地方や田舎でなく、大都会で働き生きることが幸せなのか。
中小企業ではなく、大企業に勤務することが幸せなのか。
古く伝統的な現場でなく、新たなベンチャーが魅力的なのか。
やりがいと手触り感より、給与が高く休暇が多いことが幸せなのか。

別にどっちがいいとか悪いとかじゃないんです。自分で多様な価値観にふれて、考えて、悩んで、それで決めたらいいなと思います。

都会で・大企業で・安定して・偉くなることが大事だ、という絶対解があった時代はもう終わったように感じます。大学を出たから就職を約束されたわけじゃないし、上場企業でもいとも簡単に経営破綻することもある。

大事なことは自分で決めて納得したものなのか。価値観はずいぶん多様化しているようです。最近では、一流大学を卒業後、大手企業や外資コンサルティング会社勤務を辞めて、NPOへ転職したり、地域へ移住して地域おこしに取り組む人も目立つようになりました。

僕自身のキャリアも、同じように感じる人々もおいでかもしれません。地元の進学校を経て、早稲田大学に入学しました。僕の母は、「早稲田大学をちゃんと卒業して大企業に入れ」と何度も言ってました。僕が大学を中退してNPOで起業をしたあとですら、暫くの間、今からでも遅くないから、銀行や商社に行ってほしい、行ってほしかったとずいぶん言われました。

きっと、高度成長を経験してきた上の世代の人々にとってはそれが「絶対解」だったのかもしれません。けれど、大きな会社に入ることで幸せが約束されるわけではないでしょう。

僕にとっては、NPOという選択肢も納得して選んでいるから幸せな毎日です。

大学時代の後輩は、学生時代から料理をつくることが好きでそこにこだわりを持っていました。結局、早稲田大学法学部を中退して板前修業にでて、そして今では大阪で店を出しています。「早稲田出て大企業行けばいいのにもったいない」という人もいるのかもしれません。でも、本人が納得して選んだ道だから、それでよいのだと思うのです。

納得解を自身で選ぶには大事なポイントがあります。それは、たくさんの人に会い、多くの経験を重ねること。そしてその中で、自分のモノサシを磨き定めていくこと。自分で物事を決めていくためには、決めるための基準＝モノサシがなければいけません。多様な人に出会い、多くのチャレンジを早い段階ですることが、自分の中で大事なこと、そうでないことの基準を固めていくのに大事なこと。価値観は、相対化によってつくられていきますから。次のページで、詳しくこの点について説明してみます。

絶対解より納得解。
人生に正解はないのだから自分で決めて納得できるか。

誰かの人生や世間の人生でなくって、自分が自分自身の人生のオーナーだからこそ、自身が納得できる選択をしていくことが大事。**色々なことを言う人がいても、自分で決めて、自分で納得できたらそれでよい人生なの**だと僕は考えています。

004

やりたいことを見つけるシンプルな方法

20代の頃、自身のやりたいことはいったい何だろうかよくわからないと言う人が大半かもしれません。大学の授業で学生に将来の夢を聞いても、「やりたいことに一生懸命取り組んでいきたい」とか「気の合う仲間たちと、面白いことをしたい」という答えがよく目につきます。つまり、やりたいことが何なのか、よくわからない、ということなのでしょう。

僕自身もそうでした。何か面白いことを将来したいと口にしながらも、具体的には何もなかったのです。そんな中、何かの交流会で出会ったのが最初のきっかけだったでしょうか。佐藤孝治さん（ジョブウェブ取締役会長）に将来について相談に行った時、教えていただいたのがこの言葉でした。

「目についたら行ってみる、誘われたら断らない」

ということを**3ヶ月本当に真に受けて取り組んでみなよ**、というのです。

大学の中にも、会社の中にも色々なセミナーや講演会の告知ポスターが貼ってある。普段だと関心がないから目に入らないもの。だけれど、ある時、目についたら行ってみるのです。友人から誘われた演劇、興味が乗らなくても、ちょっと腰を上げて観に行ってみたらいい。

僕も含め、人は知っているものの中、狭い中でしか選択をしないものです。知らないものは、知りようも選びようもないからです。つまり、知っているものの中で興味や関心の順位をつけているわけです。


僕も、佐藤さんにこの言葉を教えてもらってから、誘われたものに、目についたものに、できるだけ行ってみるようにしました。友人に誘われたヘビメタのライブだって、興味は1ミリも惹かれなかったけれど、一度も聞いたことないなと思い、参加してみました。結果は散々でしたが、ヘビメタは僕の好きなものではないということがわかったし、それ以外のジャンルに好きなものがあるんだってことに気づくことができたのです。

20代のうちは、出会ったことのないもの、出会ったことのない経験をどんどん重ねることがとても大事だと思います。

たとえプログラミングに縁がなかったとしても、初心者向けセミナーのポスターが目に入り、参加をしてみたら思いがけず新たな関心を持つことになるかもしれません。ものづくりのシンポジウムに誘われて行ってみたら、これまで知らなかった魅力に心惹かれることもあるでしょう。

よく、僕が授業で伝えるたとえ話があります。見知らぬ街でケーキ屋さんに入ったとしましょう。たくさん並んでいるショーケースの中で、一番美味しいものを選ぶとしたら、あなたはどうしますか？　と。僕チョコレートが好きだから、とチョコケーキを選ぶという子もいます。店員さんにオススメを聞く、と答えた子もいました。中には、値札を見て一番高いものを選ぶというちゃっかりした子もいました。

もう10年近く前ですが、北海道の小学校6年生の授業でゲスト講師をさせていただいた時のことです。やはりこの問いを子どもたちに投げかけたところ、一番前に座っていた男の子が手を挙げ、大きな声で答えました。

「全部少しずつ食べてみて、一番美味しいものを選んだらいい」

実際にケーキ屋さんの店頭で現実的かといえばそうでないかもしれません。けれど、この小学6年生の答えこそ、核心をついているように思えてならないのです。このケーキを職業と読み替えてはどうでしょう。バイトでの飲食店が楽しかったから飲食業で働きたい。選べないから就職課のスタッフに聞いてみる、あるいは給与や福利厚生の一番よいところを探してみる……といってもよいのではないでしょうか。

できることなら、すべての仕事や会社で働いてみて、一番フィットするものを選べたら、間違いなさそうです。もちろんそれは現実的ではないにせよ、やりたいことを見つけるには、知っていることや経験したことをどれだけ増やせるか。そして、それらの中で自身が選ぶモノサシ、つまり基準を持てるかどうかなのです。

そして、モノサシは様々な体験を相対化することによって定まってくるのです。「ああ、あの仕事はとても楽しかった」とか、「こういう経験はとてもワクワクする」「このジャンルは、面白いけれど自分の取り組みたいテーマじゃないな」といった具合です。

どんな仕事を自分がしたいのか、どの会社が合っているのかわからない人こそ、10倍会社を回ればよいのです。アパートの物件探しだってそう。そして、恋愛だってそうかもしれません。多くの人やものとふれ、経験し、そしてその相対化の中で、自身の中で判断する軸＝モノサシを定めていく。

その中で、自分がピンとくるものを選んでいけばよいのではないでしょうか。

30代となり、年齢を重ねていけばいくほど、フットワークは重くなり、また「なぜここに来たの？」といぶかしがられることも多くなるでしょう。だから、20代のうちにこそ、できることなのです。

やりたいことを見つける方法。
目についたら行ってみる、誘われたら断らない。

005

若い時は、節操がないほうがずっといい

僕は、学生の頃から節操がないと指摘されることがありました。色々な物事に関心を示して、あっちこっちに首を突っ込むさまをそう指摘されたのだと思います。大学生の頃は、面白そうだと思えば、雑誌づくりの集まりにも、学生映画祭の集まりにも顔を出しました。イベントサークルにも行ってみたり、政治の勉強会にも首を突っ込んでみたり。自分でもスケジュールを調整しきれずに、周りに迷惑をかけたことも多かったように思います。

事業を始めてからも、やはりあれやこれやと色々な事業がやってみたくなっちゃう。そういう中で、メンターの一人であるＥＴＩＣ．代表理事の宮城治男さんには「君はしかし、節操がないねぇ」とご指摘いただいたのでした。なんだか一見ネガティブなようで、しかしどこかお褒めいただいているような気もする。

気になって、節操がない、という言葉を辞書で見てみるとこう書いてありました。

「一貫した行動基準を持たない、あるいは基準を貫こうとする意志が薄弱であるさま、貞実で

ないさま、などを意味する表現。『無節操』ともいう」とのこと（苦笑）。
言われてみれば思い当たる節も多く、あまり否定のしようがないのですが、なんだか気になって時折考えていると、ふと気がつきました。

「節操がないって、実はよいことじゃないか？」

振り返ってみると、多くの大人たちは、若者が充実した日々を過ごすために必要なポイントとして、行動することの大事さを語っていたように思います。みんな言うんです。「まずはやってみよう、行動することが大事だ！」って。
ふとした時に、節操のなさというのは、あれもこれも……色々なことを知りたい・やってみたい・得たいという好奇心と意欲そのものだ、ということに気がついたのです。
一つひとつを突き詰めずに、目移りしてしまうという意味ではあきっぽいということも言えるでしょう。

節操がない＝好奇心の多彩さ×まずやってみること×あきっぽさ

こう考えてみると、若いうちは節操がないくらいで丁度よいのではないか、とすら思えてきました。好きとか嫌いとか、自身の中のモノサシ（＝価値観・基準）は、多様なことを知り、そして経験化する中で少しずつ形づくられていくということを、先に書きました。

起業家の堀江貴文さんが書いた『多動力』という書籍があります。20万部を超えるヒット作で、読んだことがあるという方もおられるかもしれません。

この著作の中で、**多動力**とは**「ワクワクすることを、あれもこれも、と同時にどんどん取り組むことができる力」**と紹介されています。節操のなさは、多動力と言ってよいのかもしれません。そして、インターネット社会では特定の分野だけで極めていくよりも、様々な分野に同時並行で首を突っ込んで色々と取り組む人が求められているのだ、としています。

20代の頃に、いかに多様な物事にふれ、その中で自身にとって大事なものは何かという軸を定めていくことが極めて重要です。その上で30代以降、目指すものが定まってきているからこそぐっと力が出るわけです。

あきっぽいというのも、裏返せばより多くのものにふれる上では重要なことでしょう。一つのものごとへ打ち込むというのは、それ以外のものにはふれられない、ということだからです。

音楽だって、色々と聞くから好きなものが徐々に絞られていく。映画だって、そう。相手に失礼があってはいけませんが、恋愛や人付き合いだって、多くの出会いの中で自身の価値観がわかってくるものでしょう。

最近の20代はマジメでいい子だけれどおとなしい……という声をよく耳にします。

そう思うと、節操がないということは今まさに期待されていることなのかもしれません。

若い時は、節操がないほうがずっといい。

006

キツい時は、生きてるーって思ったらいい。後から振り返ると、充実している時は苦しかった時

どうせなら充実した毎日を過ごしたい、と誰もが漠然と思いますよね。そして、できることなら楽をして充実した日々を手に入れたいと思うはず。少なくとも、僕自身はそう思ってきました。

21歳の時に創業しては、何年間も経営的に苦しいことも多かったし、毎日昼も夜もなく仕事に取り組みました。なかなか思うように成果が出なかったことにフラストレーションも溜まったし、もっと評価されるはずなのに……と悔しい思いもしました。

一方で、事業がうまく行きだすとしばらくはとても楽しいものです。人から褒められることは嬉しいし、思ったように結果が出るのは気持ちよいものでした。ただ、それもしばらくするとなんだか物足りなく感じるようになったのです。

では、あなた自身の過去を振り返ってみて、充実しているなと感じるのはどんな時でしょう? 「野球部で大会を目指して、毎日がんばっていた」とか「コンテストで勝ちたいと仲間とのバンドに熱中していた」とか。学園祭や受験って言う人もいるでしょう。あるいは、恋愛……なんて人もいるかもしれません。

しかし、そのキラキラと充実していた頃と、成果や結果が出ることがイコールかというと、不思議とそうではないんですよね。楽をしていたどころか、苦しいとその当時は感じていた日々だったりするのではないでしょうか。

そう考えると、**苦しくもがく最中にいるというのは、充実している時間を過ごしているとも**言えるわけです。つまり、イキイキした時間を生きているということ。

最近若い人と会うと「成長したいです」という声をしきりに耳にします。成長とはいったい何でしょうか。

成長とは、「できないことができるようになること」ではないでしょうか。

とすると、成長のために必要なことは、できないことに何度も取り組むことではないでしょうか。たとえば逆上がりができるようになるために必要なことは、できない逆上がりの練習をすることです。補助板を使いながら、繰り返し繰り返しできないことに挑む過程は苦しいものです。かといって、できるからといって何度前回りをしても逆上がりはできるようにはなりません。

日常生活や仕事、あるいは恋愛などで困難や苦しい現場に向き合って必死にがんばっているということそのものが、チャンス。それは、後から振り返ると充実している時間を過ごしているということ。そして、成長のまさに過程、まっただ中に身をおいている、ということだからです。

だって、できないことができるようになるための、たったひとつの方法はできないことを、できるまで何度でもすることなのです。

辛くてやめたくなる時。それは、できないことやうまくやれないことに突き当たった時。つまり、鉄棒の前で何度も補助板を使って逆上がりの練習をしている「あの時」にいるようなもの。それを突破した先には、できないことができるようになった、つまり成長した自分がいるはず。今は行き詰まっているように感じているけれど、それはまさに成長している過程なんだ、ととらえてみてはいかがでしょうか。

当たり前、だけれどつい見落としがちだからこそ思い返したいのです。成長するためには、できないことを何度も繰り返すよりない。抜け道も、近道もないという話。一見救いがないようですが、逆に言えば、誰もがやりさえすればきっとできるようになるということ。誰にでも可能性が約束されているということなのです。

だから**僕は、キツい時、ピンチの時こそこう思うようにしています。**

うわ、やばい。めっちゃ生きてるーって感じだ。
そして今、成長してレベルアップする一歩手前なんだ。

そうあえて口に出してみると、なんだかふっと一息つく感覚を得られるかもしれません。そして、目の前のことに向かい合うべきタイミングなんだ、という気持ちになるのではないでしょうか。だって、大きく成長するチャンスであり、人生の充実の瞬間がいまここにある、ということなのですから。

キツい時は、生きてるーって思ったらいい。
後から振り返ると充実している時は苦しかった時だから。

007

人生最大のピンチが何度もやってくる、というのは成長の証

仕事だって、プライベートだってよい時もあれば、悪い時もありますよね。ピンチがやってくるのは、突然のこと。調子のよい時こそ慢心せずに着実に取り組みを重ねていきたいものです。中には「何もかもうまくいっている、問題は特にない」なんて言っている人もいますよね。僕もその気持ちはよくわかりますが、しかしそれは黄信号ではないでしょうか。

イチロー選手はじめトッププレイヤーに共通するのは、高い記録を残し、そして表彰されるような実績を残しても、あまりに謙虚なコメントや反省の弁を残していることです。今よりもよくありたい、という姿勢そのものがよい結果を生む源泉だからです。

よいこともあれば、もちろん悪いこともあります。僕自身も、多くの失敗や困難に直面してきました。16年前に創業して以来、ヒト・モノ・カネ、様々な出来事がありました。

たとえば中心的なスタッフに批判され、そして離れていく経験もしました。その時には、複数のメンバーが離れていく中で自身の人間性そのものが否定されているような感覚だったことを思い出します。正直に言えば、オフィスに出社することも気が重く、つらい日々でした。

収益的に大きな課題を抱え資金繰りに窮した時には、「人生最大のピンチだ」と思いました。父親に頭を下げて資金をなんとか確保してつないでいたこともありました。あるいは、大口の取引先と契約上の大きなトラブルになり、入金されるかどうかわからない、という深刻な事態もありました。仮に契約が解除されればひとたまりもなく、バンザイ（経営破綻）することを考えたりもしていました。「人生最大のピンチだ」と思いましたし、実際に文字通り食事も喉を通らない日々を過ごし、痩せたこともありました。このように、「人生最大のピンチだ」と思うような困難にも何度もぶつかってきました。

「ピンチ」を前にすると、自身の力の限り＝キャパの限界を思い知らされます。ただ、それも自身の力を自覚するということで、とても大事なことですよね。ピンチに出会うからこそ、自身のキャパを知ることができるのです。

そして、振り返ってみると、何度も何度も自身の中でこう思ってきたのです。

「ああ、これは人生最大のピンチだ！　やばい」

しかしこれはとても不思議なことだと思いませんか？　人生最大のピンチというけれども何度も我が身に起きているな、と。

しかし、**なぜ何度も何度も「最大のピンチ」は訪れるのでしょうか。**

それは、自身の成長の証だと思うのです。

自身のキャパを超えて，自分ではどうしようもない困難であれば、おそらくピンチとは認識しないでしょう。だって、あきらめるからです。

ピンチとは、自身で「なんとかできる」と「なんともできない」のそのギリギリのところのことを呼ぶのだと思います。ということはつまり、最大のピンチが何度も訪れるということは、それだけ「ピンチ」と感じられる幅が広がっているということ。**まだ可能性があると自分が思っているから「ピンチ」だと思うのです。つまりできることが広がっているという、成長の証明なのです。**

たとえばカフェでアルバイトを始めて早々であれば、小さなことにもピンチを感じるかもしれません。レジに3、4組お客さんが並んだだけでもどうしてよいかわからず、あたふたするもの。つまり、本人にとってはピンチを感じるわけですよね。一方で、半年、1年と職場で経験を重ねれば決してそんなことはないはずです。お待たせしたことを丁寧に詫びながら、手際よく接客を重ねていくことでしょう。

慣れてきた頃、今度はクレーマーに問いただされれば、やはりピンチを感じるのでしょう。しかし、それとて2年、3年と経験を重ねる中で同様の出来事に対応していれば、以前はできなかった対応も、ちゃんとできるようになっていくのでしょう。そうやってピンチと感じるハードルは上がり、そうやって成長を重ねていくのです。

人生最大のピンチが何度もやってくる、というのは成長の証。

そうとらえてみては、いかがでしょう。ピンチに出会った時に、ポジティブにとらえられるかもしれません。そして、そのピンチを乗り越えた時にまた一つできることが増えていく……そんな成長のチャンスだからです。

008

目の前に落ちているゴミをまたがない。それが大事

社会人として仕事をしていく中で、一目置かれ「あの人、気がきく」「仕事ができる」って思える人々に共通することがあるように思います。単に担当している仕事を早くそして高いパフォーマンスで行える、ということだけではないでしょう。

それは、**みんなが実は大事だと思っているけれど、でも自分の担当じゃないから……と見ないふりをしているものごとってありますよね。それに積極的に取り組んでいく人。**誰かなんとかしてくれよ、って心の中で多くの人が思っていることを、じゃあ自分が、って取り組む人。

私が創業をし、代表理事を務めていたNPO法人G-netではインターンシップのコーディネートを行っていますが、こんなこともありました。従業員10名ほどの会社でインターンしていた女子学生は、会社周囲の路上にあるポイ捨てされたゴミが気になったようでした。翌日

から出社を早め、彼女は見過ごすことなく、路上のゴミを拾い出したのでした。誰に言われるということもなく、です。

恐らくその会社の人々も、細かなゴミの存在は気になっていたことでしょう。けれども、気がついて行動に移す人というのは思いのほか少ない。その事実にふれた社長は感動をし、それをきっかけに女子学生には新たな仕事が任されました。新商品の販売促進のプロジェクトです。落ちているゴミをまたがない姿勢、つまり当事者意識と責任感を買われての登用でした。

日々の仕事の中にも「落ちているもの」がありますよね。それぞれ業務の担当領域がはっきり定められていると、そのどこにも位置づかない中間的なもの。あるいは、新しい事業課題なんかもそうかもしれません。もちろん自分の担当業務の中にも目標や、時にノルマもあるでしょうから、気がついてもなかなか手がつけられない、ってことありますよね。

小さなことですが、会社の掲示物のピンが外れていて見た目によくない、とか、会議の議事録を誰が取る？　って参加者が顔を見合わせる瞬間もあるかもしれません。来客後の応接のイスの並びが乱雑なことに気がついた人もいるでしょう。そこで、ピンで掲示物を貼り直すこと。じゃあ僕がと議事録を取り始めること。気がついたからと応接のイスの並びを整えること。

気がついた時に、手を挙げて動けるか。

それが、仕事の中で実は多くの人たちに見られていることだと思います。


「目の前に落ちているゴミをまたがない」ということがとても大事。

そこにゴミがあると気がついたのならば、拾えばいい。自身がゴミを捨てる担当でないとしても、見過ごすことなくゴミ箱に入れたらいい。気がついた時に、ちゃんと見過ごさずに取り組めるか。


ほんのちょっとの差かもしれません。

自身の担当する仕事への評価とは無関係じゃないかと思う人もいるでしょう。でも、周りの多くの人々は、その姿勢を見ています。


まして、**20代はこの「ゴミをまたがない姿勢」がとても注目されています**。入社して数年は仕事を通じて会社に貢献できることにも限りがあるでしょう。だからこそ**気がついたことをそのままにしない、という姿勢そのものを上司や顧客は注目してます。**

往々にして、そういった案件は多くの人がやりたがらないことであったりもします。だからこそ、そこに気がついて取り組む姿勢は人から見られています。

そしてもう一つ。僕が学生時代、コンサルティング会社でアルバイトをしていた時のことをお話しします。10人ちょっとの小さな会社で、誰もが忙しそうに日々過ごしていました。当時その会社には、優先順位が低く未着手だけれども、本当は手がけたいデータの調査・リストアップの仕事がありました。その時もちろんアルバイトの僕にも任されて担当している業務はありました。しかし調査・リストアップも「誰かがやらなきゃいけないこと」なのです。にもかかわらず誰も着手していないのは、逆にチャンスだと思ったのです。僕は社長に「やります」とお伝えし、当時の僕なりに一生懸命取り組みました。

今思えば、20歳そこそこでしたし、きっと社長の満足のいく出来栄えではなかったかもしれません。けれども、それを機に、あれをやってみるか？ これをやってみるか？ と次のチャンスをいただけるようになりました。「落ちているもの」への目配り、そして行動することが評価されたのでしょう。

目の前に落ちているゴミをまたがない、

それが大事。

落ちているゴミをまたがない、という姿勢は活躍するビジネスパーソンに必要な要素。

そしてそれ以上に、20代でチャンスや役割を任されていく上でも大事なことだと思います。

009

必ずイケてる人に会える、魔法の法則がある

僕は、学生の頃も今も、イケてる人や尊敬できるなと思えるような人に会いたいと思ってきました。岐阜から上京したての僕は、東京にやってきても特別知り合いがいるわけでもありません。これといったコネがあるわけでもありませんでした。
そんな中でも、日々の出会いの中で大きなことに気がつきました。

ヤンキーの友達はヤンキーが多いし、地味キャラの友達は、地味キャラが多い。
イケてる人の友人は、イケてる人が多い。

だったら、芋づる式に順番につながっていけるのでは？　と気がついたのが19歳のこと。僕の場合、**イケてるな、と思う人に出会ったら、まず名刺をいただき、その日のうちに出会って感じたことやお礼を、メールにして送るようにしました。**僕がイケてるな、と感じるのは**自分**

自身の行動の軸（判断基準や価値基準がはっきりとしている）が定まった人。そして、**突き抜けて取り組んでいる人。**

今だったら、メールでなくてもSNSのメッセージ機能でもよいかもしれません。社会人であれば職場の先輩や上司、もちろんお仕事で出会った方でもよいでしょう。学生であれば教授や授業のゲスト、サークルのOB・OGなどまず一人「すごいな」と感じる人を決めてスタートしたらよいでしょう。

けれどもセミナーの講師だったら、終わった直後に名刺交換の行列ができたりしますよね。だから名刺交換の時の自己紹介も、その日のうちに送るお礼メールも少しでも覚えてもらえるように、って意識しました。「岐阜出身で、岐阜を盛り上げたいと思っています。岐阜の秋元です！」という具合に。東京で「岐阜」「岐阜」って連呼している人って珍しいから、きっと印象に残るだろうと思ったのです。

そしてそのメールの最後には、理由とともに、もう一度お会いしてお話をしたい、と書きました。ただ、**往々にしてイケてる人はお忙しいから、たとえばランチをご一緒させていただけませんか？　と書いたのです。**だって、どんなに忙しい人でもランチは食べるだろうし、会議室などでの時間よりもよりカジュアルに色々とお話がしやすいだろうとも考えました。夕食では時間的にも費用的にも重いでしょうが、昼食であれば比較的気軽でもありますしね。

お会いして考えたことや、もう一度ランチしたい動機などをちゃんと書きさえして伝われば、大半の方はお会いできるのではないでしょうか。「そんなの図々しくない？」と聞く友人もいましたが、情熱をもって話を聞きたいと頼られて嫌な気がする人がいるでしょうか。

そして、お返事がいただけなくてもそれはそれだけのこと。失うものがあるわけでもありません。躊躇なく、お声がけをさせていただけばよいのです。

ランチできることになれば、事前にネット検索をして、さらにお話ししたいことや伺いたいことを準備しました。ブログやSNS、メールマガジンなどで発信されていることを調べてみてもよいし、著作があれば事前に一読しておきたいところです。

その上で、ランチの時間を有意義に過ごすのです。きっとそれは、お時間をとっていただいた方にとっても、意欲ある若者と充実した時間を持ったと感じていただけるに違いありません。**意欲がある若者と出会えた充実感だけでなく、少なくとも「今の若者はこんなことに興味を持っているんだ」ということをお伝えすることはできる**と思うのです。

その上で、さらにランチの終わりにご相談してはいかがでしょうか。「今日はとても楽しく意義深いお時間、ありがとうございました。より多くの魅力的な方々にお会いしたいので、◯◯さんからイケてる、と感じる方をご紹介いただけませんか？　と」

もちろん、人を紹介するということは決して気軽なことではありません。けれど、有意義なランチを過ごすことができたならきっと、ご紹介いただけるはず。

こうして**僕は20歳の頃、週に3、4度はこの「わらしべランチ」をしてきました。これは、多くの出会いを通じて自分自身の見聞を広げることにとても有意義でした。**また、今の多くのつながりになっています。たとえば、僕自身のキャリアや事業について相談に乗ってくださる田口義隆さん（セイノーホールディングス代表取締役）も、東京で大学生をしていた時に「わらしべランチ」でご縁をいただいたのが、最初の出会いでした。

必ずイケてる人に会える、魔法の法則。

「わらしべ長者ランチの法則」。

わらしべランチ、結構いいでしょ？

やり方も簡単で、よいことばかり。さあ、早速まずはメールをお送りしてお誘いしてみてください。やっちゃえ。

010

会いたい人がいれば、調べてみたらいい。連絡をして、会いに行けばいい

テレビを見ていたり、本を読んでいると「この人に一度は会ってみたいなぁ」って思うこと、ありますよね。ほとんどの場合、会ってみたいと思っても具体的に何か行動を起こすことは稀だろうし、日常を過ごしているとそう思ったことすら忘れていってしまう……そんな経験は誰しもがしているのではないでしょうか。

20年前であれば、その人物について調べるにも図書館に行かねばなりませんでした。まして、連絡先を探すのは困難なことでした。

けれども、今ではほとんどのことは誰もが調べることができるのです。

グーグルで検索をすれば関連した情報が出てきますし、ＳＮＳアカウントに出会えれば、もう直接連絡することだってできるのです。

もちろん、単なる興味本位で連絡をされれば迷惑でしょう。ただ、ちゃんとした理由や思いがあれば、直接連絡をとって会いにいくことも、決して難しいことではないかもしれません。

地域経済について研究する山本尚史さん（拓殖大学教授）は、エコノミックガーデニングという学問分野の第一人者。先生の著作を読み、お会いしたいと思ったのです。ツイッターでお会いしたい旨をダイレクトメッセージさせていただきました。著作を拝見し強く共感したことをお伝えし、山本先生のご意見に僕自身の事業が重なる部分があるように思う、ということをお伝えしました。これをきっかけに実際にお会いして意見交換の機会をいただき、今でも情報交換やアドバイスをいただくつながりとなりました。

ブロガーで作家のはあちゅうさんとはＦａｃｅｂｏｏｋにメッセージを送ったことをきっかけに親交が始まりました。かねてから同世代として気になっていたのですが、お会いする機会がなかったのでＦａｃｅｂｏｏｋで検索。メッセージをお送りさせていただきました。自己紹介を書き、勉強会の講師としてお招きしたい旨を相談させていただきました。突然お会いしたいとご連絡するのでは唐突感もありますので、講師としてお招きしたり、自身のブログで取材をさせていただきたいとお声がけするのも、工夫の仕方です。

Ｆａｃｅｂｏｏｋの場合「共通の友人」が表示されますよね。僕も、時折見ず知らずの方からメッセージをいただくことがあります。そんな時は共通の知人を確認して、どんな人だろうと当たりをつけることもあります。共通の友人がＦａｃｅｂｏｏｋ上にいれば、その方を通じてお声がけさせていただくのもまた、手です。

はあちゅうさんに、僕からの最初のメッセージが届いた時の第一印象を伺ってみました。「怪しかったです！（笑）たしか共通の知り合いがいて、周辺に『この人、知ってる？　怪しい人じゃない？』って聞いた気がします」とのこと。共通の友人が可視化されているのはＳＮＳの利点ですね。

ＳＮＳアカウントやメールアドレスがわからなくても、所属している会社などにお手紙を出してみてもいいかもしれません。なぜお会いしたいのか、何をお伺いしたいのかと動機をちゃんと伝えれば、お会いすることも決して難しいことではないでしょう。

知り合いの知り合いの……と6人たどると世界中の人とつながれるという「Six Degrees of Separation」という社会学の考え方があります。日本語では、六次の隔たりと訳されます（ちなみに、ソーシャルゲーム大手のグリー・Ｇｒｅｅ社の名前の由来はこの言葉からきているそうです)。これまで様々な実験を経て、6人たどれば世界中の人とつながれるのは、概ね確からしいと言われています。

出会いたい人の連絡先も、わからなければ、ＳＮＳに聞いてみるというのも使える方法です。**「○○さんとコンタクトをとりたいのですが、誰かつながっていないですか？」**と。理由もちゃんと書かれていれば、シェアやリツイートされ、一気に連絡をとることができるようになるかもしれません。

日本の中であれば、間に３〜４人も挟めば大半の人とはつながれる、ということなんです。だからこそ、出会いたい人や探していることをＳＮＳで発信してみるというのも有効な手段なのです。

そしてより直接的に考えれば、出待ちという方法だってあるんです。

静岡銀行出身で、現在は富士市産業支援センターｆ-Ｂｉｚセンター長の小出宗昭さんという方がいます。日本で最も成果を上げる中小企業相談所として、全国の注目を集めるカリスマであり、ＯＫａ-Ｂｉｚのモデル。小出さんは、いわば秋元の師匠のお一人です。

小出さんは、銀行員の若手時代に、静岡銀行会長に会いたいがために、出待ちをしたと言います。商工会議所で会議が行われるという情報を得たら、終了する頃を見計らって会場の外で待ち、出てきたところで声をかけたといいます。

いる場所がわかっているのであれば、確実に会うことのできる方法が出待ち。立ち話ですから、ほんの1、2分のチャンスで伝えたいメッセージを伝え、次につなげられるかがポイントになります。

会いたい人がいれば、まずはスマホで今調べてみてください。
なぜ会いたいのか、という理由を整理した上で
そして連絡をしてみたらよいかもしれません。

また、どこかで講演機会などがある方ならば、会場の最前列ど真ん中に座り、真剣に目を見て聞き、そして時に大きくうなずいてください。質疑応答の機会があれば、間髪入れず手を挙げ質問をしたらいいのです。間違いなく、講演者はあなたのことに気づき、認識してくれるはずです。その上で、会場で出待ちをすればよいのです。これも実際に、僕が何度も行った体験談でもあります。

会いたい人がいるならば、まず会いたいと周りに言ってみたらよいでしょう。そして、会いに行けば案外と会えるものだと思います。

011
やるかやらないか悩んだら、Don't think, feel.

人生の判断に迷った時に、いつも思い出すことがあります。21歳・大学在学中でG-netを始めた時は、起業して仕事にしていくということも、東京ではなく地元・岐阜で生きていくということもあまり考えていませんでした。学生サークルの延長だったのです。

活動をしていく中で、仲間が集まりお金も動き出していく中で、法人化を考え出しました。ただ、当時の僕は東京で、大企業やあるいはベンチャーでカッコよく活躍する自分になんとなく憧れがありました。そして仕事として本格的に取り組んでいくのであれば、大学をどうするのか、ということも決めなければいけませんでした。お恥ずかしい話ですが、大学を卒業するのにはまだしばらく時間が必要になりそうでした。

どうしたものか、そう思った僕は多くの大人に相談に行きました。大学だけは必ず卒業をしたほうがよいとおっしゃる方も多かったし、一度大きな会社で仕事の経験を積んでからでいいのでは、とおっしゃってくださった方もおいでになりました（今でも、親身にアドバイスをいただいたことはとても感謝しています）。

ただ、なかでも印象深いアドバイスをいただいたのは、「わらしベランチ」でご縁をいただいた、セイノーホールディング社長の田口義隆さんでした。

セイノーホールディングス本社の立派な応接室で、緊張しながら田口さんの登場を待っていたことを今でも覚えています。今やっていることやこれから法人化も考えていること、一方でその選択はよいのかどうか迷っているということを率直にお話ししました。

1時間以上でしたでしょうか、僕の取り組みたいこと、そしてその先にはどんな社会を実現したいのかということを、何度も丁寧に問うていただきました。そして、おっしゃったのがこの言葉でした。

秋元くん、**「Don't think, feel.」**だよ。

何かチャレンジをしようと考えると、往々にして「なぜできないのか」という言い訳ばかりが頭に浮かんでしまう。「まだ若いから」「経験が足りないから」「お金がないから」「地方じゃ難しいから」……と当時の僕はできない理由を考えてばかりいました。

だから、最初からできるかどうか考えるのではなく、**やりたいのかやりたくないのかを素直に自身の心に問いかけて感じてみて、**とおっしゃるのです。新たなチャレンジをしている自分を想像して、ワクワクするのか、そうでないのかを感じてみて、と。

心と向き合い「やりたい」「ワクワクする」と感じるのなら、次にどうしたら実現できるかを考えればいい、とアドバイスをいただきました。


それから何度も自問自答をしましたが、「ワクワクする」「やりたい」という気持ちが自然と浮かんできました。チャレンジのその先を想像するとワクワクするのです。

だから、一旦できない言い訳を考えるのはやめて、**どうしたら実現できるのかを考えてみる**ことにしたのです。まずはアイディアを練り、実現への計画を立ててみる、と動き出したのです。どうやったら実現できるかを考え、そして具体的に取り組みはじめたのでした。

そしてその後、僕はＧ-ｎｅｔを法人化し、事業に引き続き取り組んでいくことを決めました。

一日今の生活を重ねれば、その分だけ今の生活や環境に愛着も縁も育まれていきます。今日よりも身軽な日はこないから。

だからこそ、**気づいたら動けばいい**。やればいい、今ではそう思います。

まさに「思い立ったが吉日」という言葉。今より身軽な日はないのだから、踏み出したらいい。

したいことをする人生と、したいことをしない人生。その分かれ道があるとすれば、きっと誰もが「したいことをする人生」を望むでしょう。

起業や転職でなくても、たとえば社内で新たなプロジェクトへの参加メンバーを募っている、という時なども同じかもしれません。一旦仕事に区切りをつけて、留学を考えている人もいるでしょう。もちろん、不安や葛藤はつきものです。

そんな時に、Don't think, feel. という言葉を思い出し、自身に投げかけてみてはどうでしょう。

012

志があれば誰もができる必殺技って何

この人はすごいな、と思わされるビジネスパーソンの多くは、周りの協力を引き出したり、頼ることがとても上手だなと感じます。仕事をしていく上で、上司や同僚の協力を得ることはとても重要なことです。さらに取引先や仕入れ先、あるいは株主など、関係する人たちの協力をいかに得るかもまた重要になります。時に足を引っ張られて苦労した経験もあるでしょう。仕事を進めていく上で一人の力は、とても限られたものです。それどころか、成果を出す人々の共通した最大の能力は、周りの協力をいかに引き出し、活かしていけるか、と言ってもよいかもしれません。

ビジネスの現場でのこうした実際をみるにつけて思い出すのは、**アニメ「ドラゴンボール」シリーズの「元気玉」**。元気玉は、主人公・孫悟空が強力な敵に対抗をし、地球を守るために繰り出す必殺技です。数ある必殺技の中でも、こと最強の必殺技と言ってよいと思います。そして、この元気玉が、ビジネスで結果を残していく人々が共通して持つ仕事術ととてもよく似ている、と思うのです。

元気玉の特徴はこうです。

・人・動物・草木などから少しずつエネルギーを集める
・分けてもらうエネルギーの量に応じ、威力も上昇する最強の技
・出来上がるのにもずいぶんと時間がかかる
・清らかな心でないと、使えない

一人でできることには限りがあります。だからこそ、様々な人々から少しずつ力を借り、周りの協力をうまく活かしていけることはビジネスにおいてとても重要なことです。

自身のいたらなさを受け入れ、そして純粋に成し遂げたいという想いや熱意があってこそ、周囲の協力を引き出すことができるのでしょう。そして、力を貸してほしいということを率直に伝え、応援を直接伝えていくこともまた大事なポイントです。しかし単に自身の私利私欲のためであれば皆が力を貸してくれるでしょうか。

「ドラゴンボール」でも、主人公・孫悟空が、私利私欲のために動いていたのでは、草も海も

空も力を貸さないでしょう。地球の平和を守りたい、そんな悟空の気持ちに共感をした、小さなしかし多くの生き物や自然のエネルギーが寄せられるのです。

僕が、起業をする際にNPOという形態をあえてとったのは「元気玉」が出しやすい、と思ったからでした。NPO法人は事業を行って決算時に利益が残ったら配当やボーナスを出すことはできず、次年度の事業推進（すなわち理念の実現）のために使うことを法律で定められています。

利益の分配と法で定められているからこそ、NPO法人は寄付やボランティアを集められやすいのです。

NPOだけの話ではもちろんありません。ビジネスでも同じように考えることができると思います。顧客に貢献し、より高い成果を出したいという強い想いは、きっと社内外に共感を生み、周りを巻き込み協力や参画を引き出すことになるでしょう。

今、注目を浴びている小口資金の調達方法「クラウドファンディング」も、見方を変えれば元気玉です。インターネット上の「CAMPFIRE」や「Ready for」といったサイトで取り組みたいことを記載すると、共感や応援した人が1000円や3000円……といった少額から資金を提供できる、という仕組み。

誰もが実現したい夢やプロジェクトを、具体的にそして情熱的に発信していけば応援したい、共感したという思いが資金という形で少しずつ集まっていきます。実際に多くの中小企業や若手技術者たちが、自身のチャレンジをクラウドファンディングを通じて具体的にすすめていきます。

まして、経験も実力も足りない20代だからこそ、より周囲の協力を引き出しやすいということもあるでしょう。情熱をぶつけ率直にお願いをしていくことで、力を借りることもできるはず。

志があれば誰もができる必殺技、

それは、元気玉。

自身の想いや熱意を周りに伝えること。

足りないことや課題も率直に発信したらいいでしょう。

そして、周囲の力を借りて取り組んでいく。
気がつくとそれは元気玉になっていくのかもしれません。

013

うだうだ言って何もしない人よりも、うだうだ言われてでも何かしている人のほうが、ずっと偉い

僕は8年前から、岐阜大学で非常勤講師として授業を担当しています。学生たちとの意見交換はとても刺激的で楽しい時間なのですが、一方でずっと気になっていることがありました。「うちの大学には、何も面白いものがない」「大学の周りにはおしゃれなカフェやレストランもない」「誰かなんとかしてくれないかな」といった声。気にしてみると、毎年決して少なくない学生がこの感想を持っているようなのです。

毎回授業の中で、僕はこう伝えます。

「あなた自身もこの大学を構成する一員だということに気がついていますか？　この学校は何もない、つまらない……と言っているあなたがいるからこの学校はつまらないのだ」と。

たとえばおしゃれなカフェがないというのなら、自分たちでつくればいいと思うのです。10人集まって、日給8000円・5日間それぞれがアルバイトをすれば、40万円にはなるでしょう。

学校の近くに広めのアパートを借り、卒業する先輩の冷蔵庫や家具をもらい、そして、芸大に行った友人に内装づくりを一緒にしてもらえればずいぶんとおしゃれになるはず。日中は学校があるから、夜や週末のみのオープンにすればいい。

文句ばかり言っていても何も変わらないからこそ、自分たちが少しずつ変えていけばいい。始めてみれば、それが楽しい。

職場だってそう。社内の部署同士の交流が薄い、と文句を言っても何も始まらない。誰かなんとかしてくれと思っても、誰もなんともしてはくれない。**お客様じゃないのだから、受け身の受益者では何も得られない。**飲み会をやろうって、社内メールに流してみたらいい。気軽に、何かテーマ一つ決めてランチ会をすればいい。「新しくできたブックカフェにランチに行きませんか？」と。自身も職場を構成する一員なのだから。

思っていることを、自分を主語にして、言葉にして周りに言ってみるのが第一歩です。「誰か、何かしてくれないか？」ではなくて、「ランチ会してみたいけれど、誰か一緒にどう？」って。

今はSNSがあるから、思い切って考えを書いてみればいい。きっと、知人やその友達の中から賛同したり、一緒にやってみたいって声が上がるはずです。

職場のことでも、友人とのことだって、自分の街のことでも「おかしいなぁ」と思うことや不満があるのはもちろん当然のこと。

僕が大学2年生の夏、東京から地元に帰ってみたらデパートがなくなっていました。近所の商店街にあった近鉄百貨店が閉店し、空地になっていたのです。近隣の商店主に聞いてみると、「駐車場がないから」「アーケードが古いから」「駅前がみすぼらしいから」「役所が悪いから」デパートは閉店になった……という文句ばかり。

そんな話を聞きながら、なぜこの人たちは自分の街のことなのに人のせいばかりにしているのだろう、と思ったのでした。そして、素直にそこで感じたのは、**文句ばかり言って人のせいにしている人はカッコ悪い、**ということ。身の周りをみても、言い訳ばかりで何もしない人ってカッコ悪いでしょ？　だから、僕は同じ状況を見て、文句だけを言うオトナにはなりたくないと思ったので、できることからとG‐netを始めました。

「うだうだ言って何もしない人よりも、

うだうだ言われてでも何かしている人のほうがずっと偉い」

この言葉は、僕が学生時代に出会った慶應義塾大学助教授の鈴木寛さん（当時。現・文部科学大臣補佐官、東京大学・慶應義塾大学大学院教授）の、最も印象的な言葉。僕の最も大切にする考え方、の一つです。

誰かのではなく、自分自身の会社だから、学校だから、街だから。だから、誰かになんとかしてもらう、のでなく、自分が気づいたことを始めていく。そして、それはきっと周りの人は見てくれているのだと思います。

「なんだ、あいつ。なんかよい子ぶって、目立っていて……」。そんなことを言う人もいるかもしれません。

けれど、誰かなんとかしてくれ……と思っても、きっとそんな誰かはやってこない。いつ現れるかわかりもしない「誰か」を夢見るのでなく、自分で面白くしたほうがずっと早くて確実。そして、その姿がカッコいい。

だから、うだうだ言われてでも行動している人のほうがずっとずっとカッコいいし、ずっとずっと偉いと思うのです。

うだうだ言って何もしない人よりも、
うだうだ言われてでも何かしている人のほうがずっと偉い。

気がついたことを、言葉にしよう。
そして、自分を主語にして語ってみよう。

014

逆風は、浮力を生むチャンス。批判は、自身の思いを確かめる機会

あれをやってみたい、とかこの夢を実現したいとか……願うことってありますよね。そして多くの場合、願っても叶うわけじゃないし……っていつのまにかあきらめてしまっていることって多くないですか。

やってみたい、これ知りたい……って気持ちの中で浮かんでも「そんなの無理だし……」って無意識にその思いにフタをしちゃうようになってしまっている人って多いんじゃないかな、と感じます。

そんな人におすすめしたいのは、**とにかく言葉にして言ってみること。やりたいことや、ほしいもの、会いたい人、そして知りたいことはまず言ってみる。**

事業を始めた頃は、お金もなかったのでオフィスを借りる余裕もない。そんな中で「オフィ

スがほしいんだけれど、どなたか取り組みに共感してタダで貸し出してくださる方はいませんか？」と出会う人すべてに言っていました。そうすると、「△△さんに、一度聞いてみては」「あそこのビル、空いているから大家さん貸してくれるかもしれないよ」と情報が集まってきたり、実際につながっていったりしたものでした。

そうやって、21歳で事業を始めて当初数年は、無料もしくはほぼ無料に近い賃料でオフィスをお借りしていました。さらにオフィスで使用していた長机や書類ラックは近隣の銀行の支店でオフィス用品の入れ替えがあるとのことで、無料で頂戴しました。また会議用のイスは、やはり商店街にあるレストランがイスを買い替えるということでもらってきました。

その上、事業を取り組む上で車が必要だからと「使っていない車があれば、いただけませんか？　あるいは使用してないものをお借りできませんか？」と聞いて回っていると、「今は会社のハイエースもほとんど使っていないから」と無償で（車検・保険代の実費だけで）数年にわたってお借りすることもできました。

大学の後輩で、途上国での教育支援を行っている税所篤快《さいしょあつよし》くんも同じような経験をしたと言います。彼は20歳の時、バングラデシュに教育施設をつくり現地の若者の大学進学の後押しをスタート。自身が受験生の時に通った東進ハイスクールにヒントを得て、教育環境の整わない現地で、収録した講義を流し自習する機会をつくろうという取り組みでした。お金もネットワークもない中で、100万円以上の資金を集めたのも、会う人会う人に資金の必要性を語り続けたから。その中で、共感して応援しようという人物が現れたといいます。

また、教育施設で動画教材を再生するパソコンに至っては、ツイッターでの情報発信を通じて寄せられました。「古いものでもいいからパソコンが必要だ」という税所くんのツイートを見た友人がリツイートし、共感した人々から無償でパソコンが寄せられたといいます。

大半のことは、やりたいことや、知りたいことを言い続けたらきっと実現します。直接的に応援してくれる人ももちろんいるでしょう。そうでなくても「あの人に聞いてみてはどうだろう」「こういう方法もあるんじゃないかな?」と、発信する人のもとに有益な情報は集まってくるものです。そして、SNSだってあるから、自由に気軽に思いを多くの人に届けることができるようになりました。

一方で、中には否定的な意見を言う人もいるでしょう。しかし、実はそれが重要なのです。同級生で友人の出雲《いずも》充くん(現・ユーグレナ代表取締役。ミドリムシのあの会社です)が、以前こんな印象深いエピソードを語ってくれました。

飛行機がなぜ空を飛ぶことができるのかを考えてみよう。飛行機が空に飛び立つためには、滑走路の助走が必要だよ。そして、助走を走るということは逆風を浴びるということ。つまり**逆風を翼が浴びるということが、浮力を生み、そして飛行機を空に飛び立たせるんだ、**と。

もし、助走を通じて逆風を浴び、折れてしまうような羽根であれば大空は飛べないんだ。同じように考えてみた時に、何かに取り組もうと一歩踏み出すことは、いわばエンジンを稼働させて滑走路を進むこと。そうすれば、賛成だけでなく否定的な意見や、疑問を呈されることもあるだろう。それこそが、浮力を生む逆風、といってもよいのかもしれない。一つ一つ投げかけられる意見に向き合えば、そのたび「なぜ僕は、わざわざこれに取り組むんだろう」「本当に、僕はこれに取り組みたいんだろうか」と自問自答をせずにはいられない。その繰り返しを通じて、折れてしまうような羽根であれば空に飛び立つことは難しい。

けれど、チャレンジをしようと一歩踏み出せば、自身の思いや覚悟を何度も問われる機会の連続で、その繰り返しを通じてより翼は強固になっていくのではないか？　そう思えば、**逆風もまた、浮力を生むためにとても大事なもの。**

そう聞いた時、**時に否定的な意見や疑問を投げかけてくれる友人の存在すら貴重でありがたいものだ、**ということに気がつくことができたのです。

僕自身が東京を離れて岐阜で創業することになった時、当時出会うたびにいつも「なぜ岐阜なんだ」「東京でもいいじゃないか」と問う友人がいました。振り返った時に、ああした問いかけや疑問の連続が、自問自答の機会になったと思います。なぜ岐阜で事業をするのか、ということを考え、覚悟を固める上でとても重要だったと感謝しています。

どんなことでも、始めてからずっとうまくいき続ける、ということはありえないでしょう。うまくいかない時こそ、なぜ続けるのだろう……やめちゃってもよいのではないか？　という気持ちが浮かんでくるものです。そこで続けられるかどうかは、なぜそもそも取り組もうと思ったのかという動機。

やりたいことや、知りたいことは言い続けたら実現する。
批判や異論も受け止める。だって、浮力には逆風が大事だから。

おすすめしたいのは、夢ややりたいことを言葉にすること、そして周囲に伝えること。ＳＮＳに書いてみたらいいんです。応援してくれる人ももちろんいるでしょう。色々な情報もきっと集まってくる。

否定的な意見や疑問を呈してくれる人の存在もまた重要。だって、問われれば自身の中で考えざるをえないからです。つまり、なぜ取り組むのかということを、自問自答せざるえない環境を作る、ということなのです。

015

選択の基準は、自分自身を空から見下ろして「おまえ、面白いことしているじゃん」と思えるかどうか

毎日は、選択の繰り返し。大学生であれば、サークルやバイトをどこでするか。そして、どんな会社に就職するのか、というのも大きな選択です。

社会人になれば、どの仕事を選ぶのか、仕事を辞めるか続けるかも選択。転職をするしないやどこへ行くかも、恋人とのことも結婚だって人生の大きな選択。もちろん、今日のランチはどこに行こうか、この週末は何をして過ごすのか。試験前の晩に勉強をもう少しがんばるか、軽く仮眠をしようかと迷うのも選択。

大きなものも小さなものも、どれも選択なのです。

そんな時に、感性や直感で「えいっ！」って決める人もいるでしょう。ロジカルに選択肢を

洗い出して、それぞれのメリット・デメリットをじっくりと比較検討し、優先順位を決めていく……という人もいるでしょう。

誰もが感覚や思いつきとともに、時に論理的に整理し物事を決めています。

もちろん、僕もそうです。

でも、もうひとつ僕自身が重視していることがあります。それは、**もしも自分自身を、僕が空から見下ろしていたとして「あ、あいつの判断や選択は、なかなか面白いねぇ」と思えるか、**ということです。

数年前、お世話になった先輩方に声をかけていただき、3ヶ月ほど国会議員の秘書をさせていただいたことがありました。自身で経営をする傍ら、議員秘書をするというのは非常に困難なことは容易に想像がつきました。

一方で、そんな経験はとても稀有なことも、おそらく間違いがない。そんな中でやはり頭をよぎったのは「空の上からの僕」の視点。

「スタッフも抱えて経営しながら、議員秘書を掛け持ちするなんてアホやなぁ。けど、面白い経験をしてるな、アイツ」って。

たとえば大学を休学してみるということ。今の仕事を一旦離れて、青年海外協力隊で発展途上国に飛び込んでみるということもよいかもしれません。

空から見下ろし面白いと感じるものは、きっと普通じゃない選択肢。先が見えなくて、ついビビっちゃってなかなか選ばない判断、ということなのかもしれません。言い換えれば、

先の想像できる選択は、もうそれで生きたことにして、想像できない選択を選んでみること。

と言ってもいいかもしれません。

安定し先が見通せるということは、想像を超える面白さや経験とは出会えないということなのかもしれない。だからこそその先どうなるかわからない、そんな選択をして試行錯誤してみる。時に七転八倒しながらもがいて生きていくって、カッコいいし面白いんじゃないかなと思うのです。

それこそ空の上から見て「面白いねぇ」と感じられることじゃないか。だって、思いもしないような経験がそこに待っていて、そして新たな出会いがそこにあるのだから。

面白さとは、先がわからならない中で必死にもがいて懸命に過ごすってことだと思うのです。

空からの目線を考えるというのは、見方を変えると、より広い視野の中で「その判断がユニークか?」ということを自問自答している、ということ。ユニークというのは、他にはない魅力がある、と言い換えてもよいでしょう。

そこであなたが、見下ろす自分が「その判断面白いねぇ」と感じるような判断・行動を選べば、これまでにない経験をきっとあなたは得ることになるのです。

それは、他人との差別化戦略をすすめるということでもあります。他の人にはない経験が、成長や魅力をあなたに与えてくれるでしょう。

キャリアアップとは自身の労働市場での価値をいかに高めていくか、ということです。そして市場での価値の高さとは「稀少性」があるかどうか。ゲームでもレアキャラが求められているのと同じです。他の人でなく「あなたがよい」と選ばれるようにはどうすればよいか。「空からの目線の声」で判断をするということは、あなた固有の価値を高めていく、ということではないでしょうか。

選択の基準は、自分自身を空から見下ろして、

「おまえ、面白いことしているじゃん」と思えるかどうか。

小さなことからでもよいと思います。たとえば会社の帰り道、通ったことのない道で帰ってみる。聞いたことのない音楽CDを買ってみる。たとえば、今日のランチの注文をいつもと変えてみる。

たとえばこんなことからだって、新たな出会いや経験は生まれるでしょう。**先の想像のできない選択は、新たな出会いと経験をもたらしてくれるはずです。**

016
お金がない若い時は、未来の自分から借りたらいい

大学生の頃とか就職したての頃って、お金がないものです。とにかく入金があれば、白米をどんと買って、あとはなんとかしのいだりしていました。

その頃、僕は先ほどもお伝えした**「わらしべ長者ランチの法則」**を駆使しては、様々な魅力的なオトナの方々にお会いして刺激をもらっていました。また、懇親会や交流会のようなものに誘われれば、できるだけ参加するようにしていました。

気がつくとどんどんネットワークが広がる実感とともに、一方でお金がなくなっていきました。20代の前半だった僕にとっては死活問題です。「来週の飲み会に誘われたし、面白そうな人に会えるのに、参加費5000円か、高いな……どうしたものか」と途方に暮れたものです。

そして、たった5000円のことで行くか行かないかを悩んでいること自体が嫌になったわけです。決して遊びの飲み会に行きたいわけじゃなく、新たな出会いをし、自身を高めたいと

いう理由なのにもかかわらず。しかし、数千円のことがボトルネックになって、参加を悩むだなんて……と。

「お金と時間をどう使うかですべてが決まる」ということを思えば、なんとかして参加したいと思ったのでした。決して【浪費】でなくミライへの【投資】になるんだと思っていたからです。

その頃、僕はこう考えました。30歳前後になれば、多くの社会人も車を1台は所有して仕事に行ったり、遊びに行ったりしているなと。つまり、その頃には100万円くらいの買い物もできるようになるのだな、と（楽々買っているのか、そうでないかはわかりませんが）。ならば、きっとその頃の僕にとっては、1万円や5000円といった金額は、決して使えない額じゃないだろうと思ったのです。

そして、社会人になると時間がなくなるという話を色々な人から聞かされました。学生の頃は時間がたくさんあるのだから有効に活用しなさいとアドバイスをいただいたものです。実際、自身のこれまでを振り返ってみても、学生の頃より20代半ばのほうが忙しくなってきました。そして、それ以上に責任や役割も増え、家庭なども持ち始める30代はさらに時間的に余裕がなくなります。

そこで僕はこう考えました。

社会人になり歳を重ねると、お金に余裕が出てくる一方で時間がなくなる。学生や若いうちは、時間に余裕はあるけれど、お金はない。じゃあ、**自分の未来からお金を借りて、今の自分に投資したらよいのでは？**と。

ただ問題は、いかに自身の未来からお金を借りられるのか、ということ。たとえば、ご両親や親しい親族にご相談してみてはどうでしょう。決して遊びのためではなく、自身の未来への投資のために必要なんだということをちゃんと話せばわかってもらえるかもしれません。奨学金の活用も一助でしょう。

僕の場合、身近な社会人の先輩が「応援しているから、いくらかなら」と資金を貸してくださったり、やはり親から働きだしてから返す「出世払い」として調達したり。そうして、様々な出会いや勉強の機会を得ていたのでした。

周囲の大人に協力を求める、という方法もあります。たとえば竹内真人くん（当時・名古屋市立大大学生）は、東日本大震災のニュースにふれて休学をし、1年間現地に飛び込みたいと決意しました。とはいえ、それにはまとまった資金も必要です。そこでその思いと覚悟を、S

NSに書き込んだのです。そして必要な金額を積算して、SNSを通じて周囲の大人たちに支援を求めました。共感し、応援しようという人々がお金を寄せ、目標額に瞬く間に達したのでした。一人ずつは少額ずつでも集まればまとまった金額になったのです。その後、彼は実際に大学を休学し、1年間現地で復興へのチャレンジに打ち込んだのでした。

そして、今ではクラウドファンディングという手法もうまく活用したいところです。大学卒業後、教育の現場で若者を支援していた笠間淳さん（ジョエル代表理事）は、ひきこもりや不登校の子どもの支援を行いたいと一念発起します。25歳の出来事でした。愛知県の離島で空き家となった民宿を借りて改修し、カフェを運営しながら、一方豊かな自然の中で若者の自立支援をしたいと取り組みを開始します。必要な資金をクラウドファンディングで集め、思いを実現していったのです。カフェをオープンさせ、今では自立支援の教育プログラムの提供を始めています。

お金がない若い時は、未来の自分から借りたらいい。

そして、**未来の自分への投資となるような行動をしたらいい。**

017

弟子入りする際に最も大事なことは、完コピ。自分らしさは、振り返れば滲み出るもの

成長するための近道は、目指すべき存在を明確にすること。つまり師匠やメンターと言える存在を身近に持つことです。

そして、**師匠の再現を目指してまずは、完コピ、完全にコピーすることが重要なのです。**目指すべきことと同じことができれば、まずはその高みに達することができるからです。

もちろん、誰もが自分らしさを出したいという気持ちはあるでしょう。自身ならではのオリジナリティある生き方をしたいと思うのも、至極まっとうなことのように思えます。もちろん、自分自身の中に高いパフォーマンスをあげられる実績やノウハウがあるのであれば、自分らしく取り組んだらいいのだと思います。しかし、20代にとって、実績やノウハウが劣るのであればまずは真似をすること。それこそが上達であり、成果を上げる最短ルートではないかと思い

ます。

「学ぶ」という言葉の語源は「真似ぶ」だとも言われます。目指すべき存在に出会った時に、徹底的に真似をし、模倣しきることから成長と成果は生まれるのだと考えます。

日常の中でもそうです。会議の議事録の取り方や、プレゼンテーションの仕方。リスト作成の表の作り方から、電話かけに至るまで。まず「あの人のように仕事ができるようになりたい、すごい！」という先輩を見つけ、徹底的に真似することが求められるのです。

自分のやり方で、より高い成果を出せるのであればよいでしょうが、そんなことはなかなかありえません。

「守・破・離」（しゅはり）という言葉を耳にしたこともあるでしょう。武道や芸術など、日本古来からの師弟関係のあり方を端的に示した言葉だといわれます。

まずは師匠に言われたこと、型を「守る」ことを徹底的にするということ。つまり「完コピ」を目指すということです。その上で、その型を**自分と照らし合わせ試行錯誤することで、自分に合った、よりよい型を作ることで既存の型を「破る」のです。**

そして最終的には師匠の型、そして自身が「破り」作った型を使いこなしていく。だからこそこ、**最終的には、型から自由になり「離れ」、そして自在になるのだ、という概念です。**

自分らしさをついつい出したくなるものですよね。4年前にOKa-Bizで中小企業の方々を相手に相談対応をさせていただくことになりました。経験のなかった僕は、師匠と慕うf-Bizセンター長・小出宗昭さんのもとに短期間でしたが、朝から晩まで研修生として傍らに置いていただきました。その時に意識していたのは、徹底的に完コピすること。

アドバイス内容はもちろんですが、その伝え方。言葉一つの選び方で、伝わり方もすっかり変わっていきます。だからこそ、一言一句違うことなくメモをしたものです。たとえば、完成度の低いチラシを事業者さんがお持ちになった時に「これではいけませんね。変えなきゃ……」とダメ出しすれば、事業者さんのモチベーションを削いでしまいます。でも、たとえば「おしいですね、あなたの魅力が十分に伝わりきっていないんです。たとえば、ここをこう変えれば、もっと魅力が伝わりますよ」と伝えれば、まるで反応が変わります。

もし、同じ相談者で同じ内容を僕が相談対応をすることになったのなら、まるっきり同じように対応できるようになりたいと思ったのです。

お話を聞く姿勢や、休憩時間の使い方。新聞の読み方に至るまで徹底的に真似をしようと意図しました。1週間もしないうちに持参したノートは、あっという間に1冊終わってしまいました。

もしも、師匠・小出さんのモノマネ選手権が開かれるとしたら、優勝できるつもりでいます。

冗談のように聞こえるかもしれませんが、守破離の「守」とは、そういうことではないでしょうか。

なりたい自分になるために、
まずは完コピから始めよう。

でも、結局は自分が行うことだから、自然と自分らしさがにじみ出るものです。**オリジナリティは、振り返れば自然と出ているものなのです。**

018

中途は、後半38分から投入されたフォワードだよ

今では当たり前になった転職ですが、バブル景気の頃から徐々に一般的になってきたんだそうです。僕自身が採用する側になってみて、新卒採用と中途採用では大きな違いがあることに気がつきました。

新卒や第二新卒（入社3年前後での転職組のこと。大卒であれば25歳〜20代後半）であれば、求められるのはポテンシャルややる気だという会社が大半かもしれません。大学を出たばかりや、実務経験もない中で即戦力、ということはもちろん採用する側も期待していないはずです。

一方で30代を過ぎた中途のスタッフを採用する側が、明確に期待していることは「即戦力」ということですよね。

ただ実際に中途採用の面接では「これまでの経験を活かして、はやく馴染めるようにがんば

ります」「一生懸命勉強して、お役に立てるようにつとめます」なんて声を中途採用者の口から聞くこともチラホラ。そんな悠長なことを言っていてよいのでしょうか。

僕はこう考えます。

中途は、後半38分から投入されたフォワードなんだ、って。

サッカーの試合では、最後の数分に得点の期待を込めストライカーとして、フォワードの選手入れ替えがよく行われますよね。しかし考えてもみてください。実力的には足りないからレギュラーではなくて控え選手なのです。そして、すでに前後半合わせて80分近くゲームが進んでいて、しかし最後の数分に投入されるわけです。他の選手との連携や温度感などをじっくりと確認したり意思疎通していると、あっという間に試合は終わってしまうでしょう。

つまり馴染んだり、感覚を擦りあわせたりする間もない。そして、一人ひとりと戦術について確認することもなく、得点という結果を出すことが求められているわけです。

まさに、**中途採用で新たな仕事に飛び込む一人ひとりが、後半38分に投入されたフォワードという意識で、仕事に取り組めるのかが問われているのです。**

入社前後に、その会社や業界、顧客について徹底的に調べてみることもできるでしょう。会社のスタッフ一人ひとりに声をかけて、ひとりずつ順にランチや飲みに誘い、会社や職場について、自身についてじっくりと語り、関係をつくっていくこともできるはずです。

まずは担当業務が少なく身軽なうちに、誰も手がついてなかった仕事に着手していくということだってできることでしょう。

僕自身も、以前数十人がチームとして動くあるプロジェクトに社長室長といったポジションで急遽参加することになったことがありました。3ヶ月程度の短期決戦、周りは知らない人ばかり。しかし呼ばれて参画したからには結果を出さなきゃいけない。社長のすぐそばにいて、司令塔的にチームメンバーに役割をお願いしたり、状況を集約して社長に報告することが求められるポジションでした。

まずは、個々の人間関係を作ろうと毎晩チームメンバーを誘っては食事や飲みに行きました。振り返ってみれば、3ヶ月間で誰とも飲みに行かず直帰したのは4日間のみでした。

またプロジェクト参加初期は、空き時間を見てはどんどんヒアリングをして状況把握に努めました。チームに加わって直後の担当業務の少ないタイミングで、ヒアリングから「重要だけれど誰も担当していない」案件を絞り込んで、少しでも成果を出せるように取り組みました。

もちろん指示を受けてではなく、自身で動いてです。

もちろん業務の中でわからない言葉にも出会います。だからこそ、いつも小さなメモ帳を持ち歩き、わからない言葉や気になったことはすぐにメモをして、その後に調べてみたり、スマホでその場でネットショップを開き、関連する書籍をすぐ購入して目を通したり。勤務時間外も含めて、早々に状況をキャッチアップして、そして成果を出せるように自身でどんどん動いてみることが重要だと思います。

まさに後半38分のフォワードは、すぐに結果を出すことが求められるのだから。

こうしてほんのちょっと視点を変えてみるだけで、中途で働くという感じ方も変わるのではないでしょうか。

019

命も時間も有限だ、と気づかせてくれた友人のこと

子どもの頃、1年も1日もなんだかとっても長く感じた記憶があります。それに比べて、今の1日や1年は、ずいぶんと早く過ぎていくという感覚ってありますよね。確かに10歳にとっての1年は人生の10分の1だし、一方、30歳にとっての1年は……と考えてみれば、1日の長さというのは変わっていくのかもしれません。

たとえば創業したての20代前半の頃、ミライはずーっと長く続いていくように感じられました。そして、自分にはとても長い時間が与えられているからこそ、じっくりゆっくりと色々なことに取り組んでいけばよいのだと考えていたりもしました。

けれど20代後半になり、そして30代を迎える中で毎日の時間の感覚がずいぶんと変わってきた実感を持ちます。夜寝る前にふと思いませんか。「あっという間に一日が終わってしまった」

と。そして、週末、月末あるいは年末には「あっという間の、1週間（1ヶ月、1年）だったなぁ」って。おっさんみたいなことを書いてるのは正直嫌だけれど、でも実際そう感じているし、30超えた友人たちに聞いても、異口同音にそう言う。

で、そこで気がついてほしいのです。

1年間が、あっという間ならあと50年も「あ」が50回で終わりだ、

ということなのです。

さらに、突然の病気や事故ということも誰の身にも起こりえます。

ＦＣ岐阜というサッカーチームがあります。成績が振るわず経営状態もよくない……という中で、一昨年にはその立て直しの任を受けて社長に就任したのが恩田聖敬《さとし》さん。僕の1歳上ということもあり、親近感を持って応援してきました。

ところがある日突然驚きのニュースを目にしたのです。全身の筋肉が動かなくなり、やがて呼吸もできなくなってしまう難病ＡＬＳ（筋萎縮性側索硬化症《きんいしゅくせいそくさくこうかしょう》）に罹患《りかん》したというのでした。

罹患を発表した時には、すでに恩田さんの筋力では子どもを抱くこともできなくなっていたようです。目の前にかわいくて仕方がない子どもがいるのに、もう我が子を抱くことができないなんてなんと切ないことなんだろうと感じたことを鮮明に記憶しています。

僕も32歳の時、突然の交通事故に遭いました。名神高速道路で、渋滞のため停車する車の列の最後尾に止まったところ、後続の10ｔ車に、ノーブレーキで追突され、脳挫傷《のうざしょう》のため救急搬送されたことがありました。トラックの運転手は、タバコの火をつけようと脇見をしていたとのことです。

仕事を終え、2人目の子どもの妊娠のため入院した妻のもとへ見舞いに行こうとした時のことでした。外傷性くも膜下《まくか》出血で3ヶ月近く仕事をすることはできませんでした。ただ幸いなことに、今では日常生活をおくることができていますが、本当に紙一重のことでした。

恩田さんが、ＡＬＳ罹患を避ける方法があったでしょうか。医師からは、恩田さんがそれまでの健康診断では何ら問題なく健康で、何も悪いところはなかった。ただ運が悪かったとしか言いようがない、と告げられたそうです。

そして、僕が渋滞で停車しているところへ後ろから止まらず進んでくるトラックを避ける方法はあっただろうか……そう考えてみると、今の毎日が突然変わってしまうということは誰にでも起きうることなのだと、感じずにはいられないのです。とするならば、自分自身の日々や時間はどう使うのがよいのだろう、と考えます。

思ったよりも一生というのは長くないのかもしれない、と思うのです。もちろん、僕自身もまだ一生を生きたわけでないので本当のところはもちろんわかりません。けれども、自然に考えてみればそうなのです。1年があっという間なら「あ」が50回で50年過ぎてしまう。だからこそ、あえてこう伝えたいし、自身にも言い聞かせたい。

生き急げ20代、どんどんやっちゃえ。

「人間は、生き急げるうちは生き急いだほうが絶対いいと思うんです。体力があり、才能があるうちは、休まずに立ち止まらずにがむしゃらに走っていいと思います。だってそのうち歳をとり、生き急げなくなる時が必ずやってくるのですから。その時に休めばいいし、止まればいい」

歌手のスガシカオさんがテレビ番組で語った言葉。

使命、という言葉があります。何だかキザな響きな気がして使いあぐねてきた言葉です。辞書を開けば、たとえばこうあります。**「与えられた重大な務め。責任をもって果たさなければ**

ならない任務」

命の使い方を、使命と呼ぶ……と多摩大学大学院教授の田坂広志さんが以前おっしゃっていたことを思い出します。

考えてみれば、誰もがいずれ死ぬわけですから、生まれてきた瞬間から死へのカウントダウンが始まるわけです。そして、それは突然やってくるかもわからない。どんなに注意をして過ごしたとしても、理不尽にやってくるのかもしれない。

限りのある自身の時間、つまりは命の使い方はどうあるべきだろうか。

人の命も時間も限りがある、と気がつかせてくれた友人の存在。

限りがある、と思うことが自身の価値観に気づく機会になる。

もしも、**自分の命が1年と限られたものだとしたら、何に取り組むでしょうか。ノートに書き出してみてはどうでしょう。**日々の日常がこれからも続くものだ……と無意識に思ってしまうからこそ、書き出すことで自身が大事にしたいことや、実現したい夢を確認する機会になるはずです。

「あ」と言っている間に一生が終わらないように。

020

成功＝成功確率×挑戦回数 でしょ？ だったらたくさん打席に立たなきゃ、だ

仕事だって、遊びだって、恋愛だって、どうせならそりゃ成功したいと誰もが思いますよね。だからこそみんな知りたいのは、どうしたらうまくいくのか？ ということ。

日本を、いや世界を代表するアベレージヒッターのイチロー選手。記録を次々に塗り替えてきた安打数、そして圧倒的な高い打率が多くの人々の尊敬を集めています。通算で3割を超える打率は驚異的。つまりおおよそ3度打席に立てば、1回は安打となる計算です。一方で、3割の確率で安打ということは、7割弱は凡打となるわけです。

イチローの安打数＝打率×打数となりますよね。

さて成功も同じようにとらえることができるのではないかと思うのです。成功する確率があるとすれば（それをはっきりとは言えないだろうけれども）、成功に至るまで挑戦回数を重ねれば実現するのではないでしょうか。

たとえば、**1割の確率でしかうまくいかないことだとしても、逆にいえば10回チャレンジすれば、1度は成功するということになるわけです。**

もちろん、これは概念的な考え方でしかありません。しかし安打製造の神様・イチローの最盛期だとしても、打率が3割8分ちょっと。ヒットを打つためには2～3回打席に立つ必要があるわけです。

この事実を前にした時に、**自分は実現したい物事に対して、何度も諦めずにチャレンジをしているだろうかと自問自答をせずにはいられません。**

以前、ネットサーフィンをしていると、女性に対して自信を持てない男性が路上ナンパを始め、そして日々を記したブログが目に止まりました。最初は声をかけることもためらい、そして失敗続きの日々。連日のナンパ件数や電話番号を得られた件数なども書かれていました。たとえば30人に声をかけて1人の電話番号しか得られなかった……という記事を読みながら、逆に言えば30人に声をかければ1人の電話番号を得られるものなんだなぁ、と妙に納得したことを覚えています。

そして同時に、何度も繰り返し取り組んでいれば経験と試行錯誤を通じて、そのナンパの腕も上達をしていき、徐々に成功確率もあがっていくわけです。

北海道の6月といえば、全国から3万人以上の踊り子が集まり、5日間200万人を超える観客動員で注目を集める「YOSAKOIソーラン祭り」があります。あの大きなお祭りも今から20年ほど前に、当時北海道大学2年生の長谷川岳さん（現・参議院議員／元・総務大臣政務官）が4人の友人たちと始めたものだといいます。

運営費用は広告協賛などによって賄われているのですが、ほとんどの学生スタッフは最初の頃は全くと言っていいほど協賛企業を集めてくることができなかったといいます。ただそれでも**「100社回ると、限られた時間の中で自身の言いたいことをうまく伝えられるようになってくる。200社回る頃には少額の協賛をいただけるようになってきて、そして300社回る頃にはある程度まとまった金額のご協賛をいただけるようなってくるんだ」**とのお話。

たとえば野球でも試合に出ることで、成長や変化がうまれます。試合に出て、バッターボックスに立つことが、自分を成長させていくわけです。そして、このYOSAKOIソーランの協賛営業の話も同じように感じました。

この長谷川さんの発言を耳にすると、「え、そんなにもしなきゃいけないの？」と感じる人も少なくないかもしれません。でも、僕はこう思いました「あ、じゃあ、300回営業に回ればきっと長谷川さんと同じように、ある程度まとまった金額の協賛をいただけるようになるんだな」と。そのように感じたことは今も印象深く記憶しています。

成功＝成功確率×挑戦回数

言われてみれば当たり前の話かもしれません。ただ、では自分自身は果たしてそれだけの打席に立っているだろうか、と見つめなおしてはいかがでしょうか。

021

才能の話をしてよいのは、100メートルで10秒切ってから。それまでは努力の世界

世界一の速さを競う様々な種目、オリンピック決勝など、見ているともはや美しい芸術のような世界だと思うことがあります。

正直生まれ持った才能って、あると思います。何もかも努力をすれば解決できるとか根性が大事だとか、そんなことは決して思いません。

才能、ということでないと整理のしようのないこともあるでしょう。たとえば、歴史に名を残すような芸術家や音楽家もそうかもしれません。しかし、人よりも圧倒的な才能や運がよい人も稀有である、とは言えそうです。

率直に言って、**ほぼすべての人にとって「才能の有無」は関係のないことと言い切ってよい**

だろうと僕は考えています。好き嫌いや、向き不向きはあるでしょう。全く個体差がないとは思いません。けれどやはりそれは、「言い訳」のために用いられていることばかりだと思うからなんです。

もう一度言います。**率直に言って、才能の有無を語るのは言い訳のためでしかない**、とそう思うのです。

「そうは言っても、やっぱり才能ってあると思うよ」と声が聞こえてきそうです。たとえば勉強。受験勉強一つ取ったって、物覚えの良い悪いがあるでしょう？　との指摘もあるのかもしれません。

この点について、120万部を突破したベストセラー『学年ビリのギャルが1年で偏差値を40上げて慶應大学に現役合格した話』の著者で、坪田塾塾主宰の坪田信貴さんはおっしゃいます。**「いわゆる頭の良さ悪さなんて、そんな大きな差じゃない。それよりも、正しい勉強の仕方で、どれだけ努力をできたかだ」**と。

もちろん、努力だけでは解決できない世界もあるでしょう。それを才能、というのであれば才能という言葉でしか、もはや説明のつかないもの。ただそれは、たとえば男子陸上100メートル走でいえば、10秒を切った、9秒台の世界なのかもしれません。

適切な指導のもとで努力を重ねれば、一定程度までは、誰もが記録を伸ばすことはできるでしょう。

受験勉強もそう。理解や記憶力に一人ひとりの持って生まれた差はいくらかあるのかもしれません。けれど、それは勉強の仕方や時間の使い方でいくらでも埋められるし、追いつける程度のことだというのが坪田さんのご指摘。

また以前f-B・i zで、体操日本男子団体でアテネオリンピック金メダリストの水鳥寿思《みずどりひさし》さん（現・日本体操協会強化本部長）と対談の機会がありました。才能の塊だと思いきや、実際はその逆。体格や体の柔軟性など、持って生まれたものは逆に恵まれているとはいえなかったと言うのです。また度重なる怪我などあって決して順調ではなかった。

その中で強く感じたのは、**自身よりうまい人に出会った時に「すごい」という感想で終わらせないことの大事さ**なんです。水鳥さんは、**自身よりも上手な人を見かけたら、声をかけて「なぜなのか？」と聞き、自身に活かすことが、成長のポイントだった**と語ってくれたのです。少年時代には、社会人との合同の大会で「すごい！」と思う選手がいれば、なぜあれほどのことができるのだろうと考え、そして注意深く観察したといいます。そしてさらに休憩時間には、本人やあるいはそのコーチに声をかけて質問をし、そうして自身の競技に活かしたといいます。だからこそ、**単に繰り返すだけでなく、努力は、考えて工夫することが大事**だと強調されたのでした。金メダリストですら、努力なのだというのです。

自分たちの身の周りを改めて見なおした時に、「才能の差」だとか「あいつは天才だから」という言葉をついつい僕たちは使っていないだろうかと自問自答したいなと思います。

才能や運のせいにするほうが、ずっと楽なのです。なぜなら、自身の努力の不足を直視せずに済むからです。才能や運は、自分たちではなんともすることのできない不可抗力。つまり、絶好の言い訳なのです。

今のままで言い訳をする自分でよいのか、今よりもできることが広がり、力をつけた自分になりたいのか。努力と才能の問題を直視するということは、自分自身のいたらなさと向き合う、ということが本質なのかもしれません。

才能や運、という言葉を使うことをやめた時、しかしそれでも高みを目指そうという気持ちがあれば、それは大きな成長への一歩でしょう。そして、一つずつ自身のできる努力を重ねていくこと。それが重要なこと。

才能の話をしてよいのは、100メートル走で10秒切ってから。超一流と一流の差で、初めて出る言葉。それまでは努力の世界。

だからこそ、自身より先を行く人に出会えば、その差は何から生まれるのかと考え、書き出してみましょう。わからなければ直接聞きに行ってみてもよいかもしれません。そして、何度も取り組んでみること。その積み重ねが、気がつくといつか思いもかけない到達点まで自身を運んでくれることでしょう。

022
「今日の感想」と「今日の学び」はまるで違う

社会人の心得としてはよく言うじゃないですか、「ＰＤＣＡ」が大事って。

Plan＞Do＞Check＞Actの４つの言葉の頭文字ですよね。

つまり、ちゃんと計画をして、やってみて、振り返って、次に活かす……ということです。

言われてみれば、当たり前なのですが、このそれぞれに、大事なポイントがありますよね。
（1）Ｐｌａｎ・計画する段階でとても大事なことは、目標や取り組みの意図を明確にすること。でないと、実際にやってみた後に効果の検証ができないから。意図が明確であれば、やってみた結果、その打ち手が適切かそうでなかったのか、仮説検証がはっきりできる。そして、数値で計測可能な目標設定ができていれば、誰もが納得できる形で（数字だから）、達成か未達成かがわかるわけです。
（2）Ｄｏ・やってみる。ここでとても大事なことは、とにかくやってみること。どれだけ考えたって、机上で素晴らしい計画を考えたって、やってみなきゃわからない。だから、早くやってみるってことがとても大事。そのためにも、小さくリスクは少なく（できればほとんどない状態で）やってみるってことが大切です。

そして、**成長を考える上で大事なのは（3）のCheck**です。単に振り返るとか、反省するというだけではないのです。

感想と、学びはまるでちがう。

成長のスピードが速い人と、いつまでたっても次のステージへと抜け出せない人の大きな分かれ目はココだと思います。

（3）Check・振り返りを、どう次に活かせるかが大事なポイント。反省することや、その出来事の感想を共有することには別に意味はないと思うのです。その実際の行動から、何を学び、そしてこれからをどう変え、今後にどう活かしていくかが、すべて。

「〇〇さんのプレゼンはわかりやすくてすごいと思いました。刺激になりました」って感想、とかはマジで意味ない。刺激になって、すごいと思って、明日から何か変わる？　だから大事なことは、何がすごいと感じたのか、何でなのか、と何度も繰り返すこと。そうすると「わかりやすくて、すごい」と思った、構成要素が分解されるわけですよ。

声が大きいとか、前向いて話していたとか、「伝えたいことは3つです」って番号振ったのがわかりやすかった、とか……。じゃ、なんでそれを、あの人はできるのだろう……ってもう一段ブレイクダウンするってこと。そうして、分解していくと、ただの「感想」から、自身の今日・明日からに活かせる「学び」に進化していくのだと思うのです。

つまり、**ネクストステップが明確にならない振り返りじゃ意味がない**と思うのです。

（4）Act・次に活かすってところは、やっぱDoといっしょ。**いつかやる、じゃなくて、今日から今からできることから始める、**ってこと。

20代のうちは、日記帳やブログでも振り返ることをおすすめします。日々を振り返り、なぜなぜなぜ？　と問いを重ねて、学びを言葉にすること。そして改善のネクストステップを定めて、毎日を成長と成果にむけての一歩一歩にすること。それが周りとは違う、加速度的な成長を自分に起こすためのポイントです。

感想と、学びはまるでちがう。

でもこれは20代に限ったことではありません。僕も、そして、いくつになっても振り返りを学びにし、その後へとつなげていくことは、成長し続けるためにとても大事なこと。

全国から客が集まる天ぷらの名店「くすのき」の大将に、成長する職人の特徴を伺ったときのことを思い出します。

「美味しいものを食べたときに、美味しい！　で終わらせないこと。自分だったら、じゃあどう作るかと考えながら食べる人。そして、実際に試行錯誤する人が伸びるんだ。多くの人は、じゃあ次はどんな美味しいものを食べよう……となってしまう」

さあ今日からできること。「すごいなあと思いました、刺激になりました」って【感想】ほど意味ないものもない。なぜすごいと思ったのか、どうしてそれはできるのか……と、なぜを繰り返して書き出してみてください。

そして自身がそこに近づくための、具体的なネクストステップを明確に描いてみる。感想が、具体的な【学び】になっていくのです。

一日の終わりに、ほんの10分でよいから振り返る時間を作ってみる。日々のその視点の違いが、成長力の差を生むのだと思います。

023

20代までは、期待があなたの評価。30代からは、実績が評価。だからこそ、20代に必要なこと

誰だって、人から評価されたいものだと思います。僕ももちろんそう。いやもしかすると人一倍他人からの評価が気になってきた、と言ってもよいかもしれません。まして10代から20代の頃は、他人と比べて自分自身はどうだろうか、劣ってはいないだろうかということが気になって仕方がなかったのです。

では、人からの評価はいったい何によってなされるのでしょうか。30歳を一つの区切りとして、その判断基準は大きく変わると、以前、大先輩から指摘をされたことがありました。10代から20代、つまり若い時期は実績や成果もたいしてない。だからこそ、今後の成長や変化など先々への可能性を感じさせること。つまり**期待があなた自身の評価になるんだ**と言われたのです。

一方で、**30歳を超えた頃からは、残してきた実績や成果によって評価されるようになっていく**のだとも教えてもらいました。

確かに若い頃は実績を上げるには期間も短く、発達途上だから期待が評価なんだと言われれば、理解できます。一方で、そうはいってもその段階での実績やパフォーマンスの差はそれはそれであるだけに、不安に思うのもまた確かなことでしょう。

ここで、ふと思うのは中学校の数学で学んだ、一次関数の曲線です。

y=ax+b

この数式は誰もが見覚えのあるものではないでしょうか。人間の成長が一次関数ほど単純化できないのはもちろん理解しています。yをその時の実力、xを時間の経過としましょう。とすると現時点での力を、切片＝bと読み替えてはどうでしょうか。**傾き＝aは、これからの成長のスピード**。つまり、つい20代前半の時はbの値、つまり今の実力が気になってしまい人と比較してしまうのかもしれません。けれど**オトナたちが見ているのは、aの傾き**。今後の成長可能性への期待が、その人への評価だというのです。

では、いったい何が成長可能性を感じさせるのでしょう。語弊を恐れず言えば、私は本書に書いてきたような考え方や、行動の仕方があるかどうかだと思っています。

時間やお金など有限なものにいかに投資していくか、という人生のオーナーとしての姿勢。与えられたチャンスに対して反応していく、決断力。決め、そして一方で断る力。「わらしべ長者ランチの法則」のように自らつながりをひろげ、マメで丁寧な姿勢が人とのつながりを生み出していくこと。そして応援してくれる仲間の存在。尊敬し様々な学びを与えてくれる師匠・メンターの存在。つまらない規制や常識にとらわれず、突拍子もないアイディアや行動をしてみる、そんな物わかりの悪さ。

それらこそが、今後の成長可能性だと思います。あなたの未来に期待を抱かずにはいられない、そういうふるまいではないでしょうか。

実際に、僕自身も20代後半から30代半ばにかけて周囲からの評価のモノサシが変わってきているのを感じてきました。また、僕も経営者ですので、これまで何度となく人を採用する機会もありました。その時にやはり応募者が20代であればポテンシャル、つまり成長可能性を意図して見てきました。一方で、30代以降であれば実績や成果をより注視して採用してきました。

つまり、**20代は成長可能性や期待を感じさせさえすれば評価されるということ。**

まずは、実績の有無を気にして萎縮することをやめること。

実績や成果がなければチャンスが得られない、という30代以降になって、新たなチャンスをそこから得ていくのは容易でなくなっていきます。いつも試合に出ているレギュラーメンバーでなければ、試合に出られなくなっていくわけです。どんどんと、その差は固定化していくのでしょう。

だからこそ、20代は失敗を恐れることなどないのです。様々なことに飛び込んで、どんどんとチャレンジしたらいい。

そして、先にお伝えしたとおり**「今日の感想」と「今日の学び」は、まるで違うのです。**だからこそ挑戦したことを単なる経験に終わらせず、そこから学びを感じ取ること。学びから、自身をより成長させていくネクストステップを描き、次にまた取り組むことが重要なのです。そんな20代が、飛躍する30代へとつながっていきます。

20代までは、期待があなたの評価。30代からは、実績が評価。

だからこそ、20代は「成長できる力」が必要だ。

024
決断は、決めることより「断ること」。決断のために大事な4つのステップ

日々の生活の中では、大きなことから些細なことにいたるまでたくさんの判断が求められます。就職・転職・結婚・離婚といった大きなライフイベントはもちろん、コーヒーショップでの注文の場面で、何にしようかと悩み決めること。突然の雨で、バスに乗って帰るのか、それともタクシーに乗るのか。1年間の卒業時期の遅れもよしとして、海外に留学をするのか。あるいは、今いる会社を辞めて大学院に入り、さらに学ぶ機会を選ぶのか。

これまで大学生に2000回以上のキャリア面談をしてきました。そして経営者の方々の事業相談も1000回以上、意見交換をさせていただいてきました。その中で、多くの人たちが口にする悩みの一つは、いかにして決断すべきか、ということです。

判断するために必要なステップは一般的にこうでしょう。

（1）判断をするために必要な客観情報を集める（素材となる事実やデータ）
（2）判断するための自身のモノサシ（判断基準）を整理確認する
（3）考えられる選択肢をもれなくダブりなく洗い出す
（4）得られた素材をもとに、各選択肢の是非をモノサシを基準にして判断していく

その上で、どちらにすべきか拮抗《きっこう》し判断に困る時は、あとは自身にとって何が大事かという価値判断でしょうし、そこは直感に委ねる、ということでもよいかもしれません。こうしたプロセスを経ての最終価値判断に直感、というのは合理的です。一方で、こうした分析や比較のプロセスを経ずに単にフィーリングで物事を決めていくのは思いつきでしかない、ということは意識しておきたいものです。

さて、あらためてここで決断という言葉に注目してみたいと思います。
「決める」ということと「断る」ということ、この2つによって決断という言葉は構成されています。決断というと、決めることばかりに注目しがちですが、「断る」ということもまた大事な決断だということなのです。

何かを選び、そして決めるということはそれ以外の選択肢を断る、ということ。決断に苦慮する時には、何を断るのか、という視点でもう一度見なおしてみることもまた重要でしょう。仕事や学校の帰り際に、友人から「このあと、イッパイ皆で飲みに行かない」と誘われた時。実はこの後予定があるけれど……という時に、断るというのも立派な決断です。イッパイ飲みに行くということを断り、そして一方でこの後の予定に行くことを決める、ということですから。

しかし、1日24時間、1週間は168時間、1年間は8760時間と時間は有限です。結局、人生の選択は時間とお金といった有限なものをどこにどう割り振っていくのか、ということ。優先順位をつけ、そしてどれだけの自身の資源をどう割り振るのか、ということです。

時間やお金の使い方を決めるということは、やはり他の使いみちを断るということです。時間やお金に限りがなければ、あれもこれも、と選ぶこともできるかもしれませんが。

僕は、20代の頃断るということが苦手でした。たとえば、多忙なタイミングでも、仕事を任せたいと声をかけてもらえると、つい応えたくなる。せっかくチャンスをもらったんだし、期待してくれている人がいる。そんな中で、お断りすることがなんだか忍びないと感じたのでした。

けれども、**断らないことが結果として相手に迷惑をかけることにつながることも何度も経験してきました。**仕事が溢れて期日に間に合わなかったり、求められているクオリティに届かなかったり。断らないことが様々なことを中途半端にし、何も成し遂げられないということもやはり何度もありました。

断ることは、決して悪いことではないと思います。いや、むしろ責任ある態度だとも言えるでしょう。

いつも我々の前には様々な選択肢があり、そして判断を求められます。だからこそ、決断は決めることより、断ることをより意図するとよいのかもしれません。では、何を基準に決断をしたらいいのか。

僕は判断のモノサシの一つとして、その選択が自身にとって快適で気持ちよいものか、そうでなく困難なものかということを注視するようにしています。そして悩んだ時には、快適な気持ちよいほうを選ぶのではなく、**できるだけ困難なほうを、嫌なほうを選ぶようにしています。**

快適なほうがよいでしょ？　と声が聞こえてきそうですね（笑）。僕もそう思います。けれど、自身にとってより面白いと感じたり、やりがいを感じたりするのはどちらだろうか。そして、振り返った時に自身の力がつくのはいったいどちらだろうかということが、そんな時、頭をよぎるのです。

後から振り返えると充実している時は苦しかった時だからなのです。そして、そういう経験が後になれば自身を大きく成長させてくれる大事な時間だったんだと思わせてくれるのではないかと思います。

決断は決めることより断ること。

025 カクメイは、いつもたった一人から始まる

自分自身の力はとても無力だと思うこともあるでしょう。選挙なんて見ていると、あの途方もない票数の中で、自分はたった1票だと思うと、無意味な気すらしてきます。

僕が中学校に入った時、男子学生は制帽を被って登下校することが当たりまえでした。しかし今では、制帽は廃止され自由化されました。考えてみれば、誰か最初にそれを言い出した、声に出した人がいたのでしょう。

僕は、小田和正さんのファンで、慶應義塾大学学園祭でのライブに18歳の時に友人と行きました。そしてひとしきり終わり、アンコールも1度でおしまい。小田さんとメンバーはステージ袖に下がり、けれど照明は落ちたまま。2度目がまだあるだろうに、アンコールの声が掛かる雰囲気がありませんでした。そんな中で、僕は一人、思い切って大きな声で「おーだーさん

っ！おーだーさんっ！」コールをしました。2、3回目までは自分一人。正直冷や汗モノでしたが、一緒に行った友人が加勢してくれて、気がつくと会場全体のコールに。うわーっと、会場全体に声が広がったことをよく覚えています。照明がバッとついて2度目のアンコールのMCで、小田さんは、一人から始まったアンコールに、デビューの頃を思い出すとコメントしてくれました。

大学生だったその頃に出会った友人・高橋亮平くん（前・中央大学特任准教授）たちは、18歳でも投票できる社会にしたいといつも言っていました。今から15年以上前のことです。飲酒も喫煙も20歳からだし、特に誰か有力な人が主張していたわけでもない。そんな中で言い続け、未成年の模擬投票といった取り組みを行っていきました。そうする中で、国会議員の中にも一人、二人共感する人が現れ、そして少しずつその輪が広がっていきました。ただ、正直それだってごく一部の変わった議員さんが参加しているだけで、国の形に関わるようなそんな大きなことが、変わるはずもないと思ってきました。20歳選挙権なんて、教科書に載っているような話ですよ。

そして2015年。しかし、その思いは形となり18歳まで選挙権年齢の引き下げが実現しました。

たった一人では何も変えられないかもしれない。

けれど、そのたった一人がいないと始まらなかったのだなと思います。

やはり15年ほど前に出会った藤原和博さん（奈良市立一条高校校長・作家）は、僕が創業したての頃にこんな言葉を送ってくださいました。

「カクメイは、いつもたった一人から始まる」

確かに考えてみれば、フランス革命だって明治維新だって誰かが「やろうぜ」って言ったから始まったんでしょうね。

おしゃれな街のカフェだって、今や大きな会社の一つ一つだって「やろう」って言い出した人がいたから生まれ、存在しているわけです。

会社の仕組みだって、新規事業にしても誰かたった一人から、その一言から始まったのでしょう。学校のサークルの一つ一つだって、文化祭の企画のそれぞれだって、やっぱり、最初に手を挙げてやろうって言った人がいたのでしょう。

たとえば身の回りのことから、会社や学校のこと、地域のこと、日本や世界のこと、政治や経済といった大きな物事にいたるまで、始まりはたった一人の「やりたい」「やろう」「面白い」「ワクワクする」といった一言からだったのかもしれません。

一人ひとりの力は、確かに微力かもしれない。

けれど、決して無力ではないと思います。

だから声にしてみたらいい。

あなたも、もちろんその一人だと思います。

026

「偉い人なのにマメ」なのではなく、「マメな人だから偉くなる」のだ

僕は、これまで多くの方々にお会いする機会に恵まれてきました。同世代の中では、かなり色々な人々にお会いしてきたと思います。そして気がつくのは、中でも上場企業の経営者の方々やいわゆる「偉い人」と言われる人ほど、驚くほどマメで心遣いが細やかだということです。

僕が学生の頃から、10年以上にわたり気にかけてくださるセイノーホールディング社長の田口義隆さんもまさに、そのお一人。

10年以上前のこと。お時間をいただきご相談をさせていただいた後、さらにメールで、田口さんがフランクにしかも丁寧にご対応をいただいたことに大変驚きました。だって、とても多忙で偉い人なのに！

また、食事会後すぐにお礼のメールを頂戴し、やはりその丁寧さ迅速さに大変恐縮した気持ちになったこともとても印象深く記憶に残っています。僕よりも遥かにご多忙なはずなのに、細やかで丁寧な心遣いをなぜできるのだろうと不思議に思いました。またある食事会の翌日には、同席された方へのフォローもふくめての丁寧なお電話をいただきました。

率直な表現ですが「偉い人なのに、すごくマメな方だ」と思ったものです。

やはり田口さんとご一緒させていただいた際に、ある時僕からのお礼をし忘れるという失礼をしたことがありました。翌々日だったでしょうか、田口さんから優しい口調だけれどもしかし厳しく、ごちそうになった時に早々にお礼を伝えることの大事さを諭していただいたことがありました。

時間を掛けてこうしてメールをくださった優しさとお心遣いをありがたいと思いました。一方、ご多忙な方に時間をとっていただき、ご指導をいただいたことが情けなく申し訳なく感じたことは、その後の自身にとっては転換点ともなりました。

田口さんだけでなく、様々な方々にお会いして改めて思います。平たく言えば、偉い人や立場のある方々は総じてマメで丁寧な方ばかりだと思います。忙しい方ばかりなのに、細やかなご連絡が丁寧で、そして早いのです。

なぜだろう、と考えていく中で気がつきました。

こう考えてみてはどうでしょうか。

「偉い人なのにマメ」なのではなく、

「マメな人だから偉くなる」のだ。


ごちそうやお世話になったなら、早々にお礼を言えること。

周りへ心地よくいてもらうための、心配りができること。

気がついた時に、その時に感謝を伝えるということ。

いわば「マメに」感謝を伝える心配りができるからこそ、その結果として偉くなるのだ、ということなのです。

どんな仕事でも、周りの人々の協力や支援なしでは成功もおぼつきません。「あいつは気持ちのよいやつだね。また何かあれば声をかけよう」。そう思ってもらえるかどうか。その積み重ねが何物にも代えがたい人のつながりになっていくのではないかと思います。

早速、宴席の帰りの電車の中でお礼の一言を伝えることを始めてみませんか。コンパの帰りに、早速アプローチのメールを送るのと同じようにです（笑）。

同席された方に、そしてお世話になった方に携帯メールや、ＳＮＳのメッセージで送ってみてはどうでしょう。帰り道であれば手持ち無沙汰な時間だし、そしてお礼の気持ちも直後で熱いでしょうし。スマホだからと、文章の短さを心配する必要は決してありません。それよりも、**できるだけすぐに率直なお礼の気持ちを伝えることが大事**なのです。逆の立場にたてば、早々に率直なメッセージが来れば嬉しいし、また何かあれば誘ってあげよう、と思うのではないでしょうか。

そして、**ぜひ習慣にしてください。**目上の方にとっても、同世代の人々から見ても、あなたは気配りや心遣いのできる存在として一目おかれることになるでしょう。

そしてもう一度周りを注意深く見まわしてください。「偉いのにマメ」なのではなく、「マメだからこそ偉くなる」のです。

027
ものわかりのよい若者なんて、いる意味がない

ものわかりのよいことは、一見とてもよいことのように思えます。辞書をひいてみると、（1）理解が早いこと、（2）意向を汲んでくれる、（3）分別をわきまえている、といった意味で使われるようです。

どれもとてもよいことのように思われています。（1）理解が早いことについては誰もがよいと思うことでしょう。（2）・（3）も、社会の中で人間関係を円滑にしていく上ではとても重要ですよね。ことに日本では、「空気を読むことが、大事だ」なんて言われたりするのも、まさにものわかりのよさへの評価だといえるでしょう。

そして、僕自身もものわかりのよいことは、とても大事なことだと思ってきました。

一方で以前、東証に上場する広告会社・中広の後藤一俊社長とご意見交換の機会をいただい

た際の一言が、いまだに強烈なインパクトがあります。

ものわかりのよい若者なんて、いる意味がない。

はっきりと断言されて、「えっ？」と思わず聞き返してしまったくらいです。「これまでの先例はこうだから、こうしよう」とか、「あの人とこの人のバランスとって、そうしよう」とか、「順番や立場を考えると、ここはおとなしくしていたほうがいい」……ということは仕事の現場などではよくある判断ですよね。冒頭の３つの意味で言えば、主に（２）（３）の用法です。

しかし、若者にはそんなものわかりのよさなどいらない、と断言されるのです。なぜか、とおそるおそる伺ってみると、こう答えてくださいました。

過去のいきさつや関わる人々の関係性、常識的に考えてみてどうか……といった観点で意見を言うのであれば、それは若者よりも経験と実績のある人々に意見を求めたほうがよいではないか。

若者というのは、ものわかりなど決してよくないほうがよいのだ。**過去のいきさつや関係す**

る人々の関係性、それどころか常識なども気にすることなく、素直に考えることができること。そして、時には突拍子もない、しかし的を射たアイディアが生まれること。そして情熱を持って、実際に取り組んでいくことができること。こうしたことを、**若者には期待しているのだ。**

だからこそ、ものわかりのよい若者など、いる意味はない。

まさにそのとおりだと自身を省みたわけです。

意向を汲んだり、文脈を読み、周りの雰囲気の中で問題のないように立ち振る舞うことも、大事なことかもしれません。周りと不必要な軋轢は無用ですし、うまく立ち振る舞うことも時に求められます。

けれど時には、空気を読まず文脈や関係性などは気にせずに、はっきりと思ったことを発言し、そして行動していくことが若者らしさとして期待されているということも知っておく必要があると感じました。

誰といるかによっても、求められることは変わるでしょう。たとえば同世代の友人たちと一緒にいる時には、空気や文脈を読んで振る舞うことが求められることもあるでしょう。一方で、目上の先輩たちの中でたとえば最年少として自身がいる時には、まさに「ものわかりのよさ」など発揮せずに、ズドンと発言し行動するのもよいかもしれません。とはいえ、それも信頼関係や、異なる目線からの発言や行動への期待があってこそ。

時に思い返したいと思うのです。

ものわかりのよい若者なんて、

いる意味がない。

028

交流会へ行くのも名刺集めも、人脈作りじゃない。一番の近道で、効率がよいこととは

若い頃、色々な人を知っているという先輩に憧れたものです。有名なあのベンチャー企業経営者に会ったことがあるとか、上場企業の社長と知り合いだとか、あるいは、テレビに出ているようなタレントと知り合いだなんて聞くと、羨ましいなぁとずいぶんと思ったものです。

そして、多くの人と交換した名刺のファイルなんかを見せられれば「その人とも、その人とも」知り合っていてすごいな、と感じたものでした。

ある時期、国会議員秘書を3ヶ月だけさせていただきました。国会議員の名刺は表面に名前と肩書、裏面には事務所の住所と電話番号、そして代表メールアドレスが掲載されているデザインのものが一般的です。この名刺をぜひほしいというオーラを出しながら、多くの人たちが議員と名刺交換しに集まってくるさまを何度も目にしました。

一方で、思うのでした。これだけたくさんの人が名刺交換にやってきていると、きっとこの議員は全員を覚えているなんてことは難しいだろう。いやその大半は、覚えられないといったほうが正直な事実でしょう。

そして、ほしいほしいと集まる名刺に書かれている情報は、すべてＷＥＢで検索をすれば掲載されていることです。議員自身の氏名も肩書も、もちろん事務所の住所も電話番号も、代表メールのアドレス（多くの場合は、info@で始まるやつです）だってもちろん掲載されています。とすると、こうして人が集まり名刺交換をしているけれど、議員と名刺交換をした意味はいったい何だったのだろうと疑問に思うのでした。「あの議員と名刺交換した、あの場で一緒だったんだ」と人に見せながら威張るためか、自身の名刺を相手にわたすためか。とはいえ覚えられていない以上、名刺をわたすのはその後のＤＭやメールマガジンの配信先アドレスをわたしただけ、なのかもしれません。

秘書の立場から議員に集まる人々を見ながら思いました。たとえば著名な経営者やタレントも同様でしょう。名刺には、ＷＥＢに掲載されているような公開情報しか掲載されていません。どうも、名刺交換そのものと人脈はあんまり関係がなさそうです。

つまり、何百枚何千枚と交換した名刺を誇らしげにファイリングし、人に見せて人脈がすごいと誇っているような人は、どうも眉唾だと思ってもよさそうです。そうやって自身がすごいんだということを認めてほしい人だから、ぜひ心温かく見守ってあげてください（笑）。

人脈作りには欠かせないと、交流会に一生懸命参加をする人たちもいます。かくいう僕も20代前半はせっせと参加していました。ただ、何度も参加し多くの人たちと名刺交換をさせていただく中で気がついたことがあります。

相手にとって覚えておきたい、つながりたいと思われる自分でなければ関係は作れないし、続かないということです。覚えてもらいさえしない。

交流会を終え、せっせとその晩や翌日にお礼のメールを送り、何度も定期的に活動や近況の報告を送って……としないと続かない関係は、そのまま自然に過ごせば消滅する関係性。つまり、お互いに欲していないから、続かないわけです。逆に、**お互いに相手を求めている関係ならば、たとえマメに連絡を取り合うことはなかったとしても、そのつながりは続きますよね。**

恋愛でたとえてみればわかりやすいかもしれません。こちらからの一方的な片思いは、連絡をとりアプローチをし続けていかないと途切れてしまいがち。両思いなら、あるいは相手から自身への片思いであればことさらな努力をせずとも関係性が続いていくわけです。

そしてもう一つ交流会に参加し気がついたことがあります。往々にして魅力的なすごい人は、交流会や名刺交換会という場にはいないということ。ゲストとして招かれていればまだしも、自身から積極的にそういう場に参加する理由がないですよね。だって、そうしなくても多くの人と出会うし、先ほど述べたとおり関係が続くからです。

新たに交流し、人脈をほしいと求めている人たちが集まってきている場が、名刺交換会だから当然かもしれません。

交流会へ行くのも名刺集めも、人脈作りじゃない。
カッコいい自分になった結果が人脈、でしょ。

つまり人脈作りの大事なポイントは、つながりたいし関係を持ち続けたいと、相手から周りから思われる自分自身になるということなのです。

たとえば、**単に参加するのでなく自身でテーマを決めて交流会や勉強会を主宰してみてはどうでしょう。**何も大規模でなくても、3、4人から始めてもよいと思います。

そうした場を自身で立ち上げ運営するということ自体が、周囲があなたに一目置くポイントにもなるでしょう。継続的な勉強会として積み重なってくれれば、「私もその勉強会にゲストで呼ばれたい」なんて人からも連絡が寄せられるかもしれません。

SNSでの発信をマメに行えば、より多くの人々に知ってもらう機会になるでしょう。

名刺交換のために交流会に出向くことや名刺交換そのものがまったくムダで無意味だとは思いません。だけれど、一番重要で、そして一番効率がよいのは、自身が魅力的になることだと思います。

029 忙しい時こそパスを回せ、ボールを持つな

仕事でも課外活動でも、色々なことに取り組めばもちろん忙しくなります。メールも毎日何十通も送られてくるし、それにくわえてメッセンジャーやラインなどでも連絡はやってくるでしょうし、もちろん電話もくるでしょう。そして、毎日5件も6件も打ち合わせや会議の機会が入り、移動もある……そんな忙しい毎日に、文字どおり目も回るような感覚に陥ることも多々あるのではないでしょうか。

自分自身も、そういう状況の中で、何度も業務がオーバーフローして、テンパってしまったこともあります。そして仲間やクライアントにご迷惑をお掛けしたことも、もちろん何度もあり、ふりかえれば恥ずかしい限りです。そんな中でも、気がついたことがあります。

「ちょっとこれ、あとから考えるね」とか、「一旦これ預かるわ」といったことは、だいたいそのまま棚ざらしになってしまうということなのです。

考えてみれば、当たり前なのかもしれません。次から次へ処理すべきメールや電話、アポが

続く中で判断を後回しにしたところで、いったいではいつそれを考えて判断することができるのでしょうか。決断の4つのステップを以前記しました。

（1）判断をするために必要な客観情報を集める（素材となる事実やデータですね）、（2）判断するための自身のモノサシ（判断基準）を整理確認する、（3）考えられる選択肢をもれなくダブりなく洗い出す、その上で、（4）得られた素材をもとに各選択肢の是非をモノサシを基準にして判断していく。

今、判断できないとすると（1）～（4）のどこが足りないから判断できないのでしょう。そして、その不足は改めてじっくりと時間を作って検討し、決められるのでしょうか。まして多忙の中で、です。

後回しにしていく状況は、まるでゲームの「テトリス」で、積み上がりだしたら、あっという間にゲームオーバーになっていく、あの様を思い出します。

20歳過ぎの頃、リクルート社常務執行役員（当時）の竹原啓二さんに可愛がっていただきました。時折時間をとっていただいては、相談にのっていただいたり、時にはお食事に連れて行っていただいたり。ご多忙な中で、たとえば30分時間をとっていただき色々と相談をさせていただくと、「じゃあ、今ちょっとその件紹介したいから、つなぐね」とその場で電話をしてくださったりしました。ありがたい半面、限られたお時間の中で、あれもこれもそれも……と相談したり意見をいただきたいことがイッパイある僕にとっては、内心、「その電話は後からしてもらえないだろうか……紹介をいただくためとはいえ、でもその電話の数分分相談の時間が減ってしまう」と思っていたものです。

しかし、今思えば日々の重責の中で遥かに多忙な竹原さんにとって、その時間内に対応・処理しなければ、後回しになっていくし忘れてしまう、というふうに考えられたのではないでしょうか。たった3ヶ月でしたが、国会議員秘書をしていた時にも感じました。1日に10件近いアポがあり、メールや電話もひっきりなし。そんな中では、その場で処理しなければ流れていってしまうのは、容易に想像がつくことなのです。

これは、20代でも同じです。忙しい時に、抱え込んで後からやろうと貯め込むのはズバリ悪手。**自身で判断し対応できるものはその場で行い、そうでないものも、ワンタッチでパスを回すように意識してはどうでしょう。**

たとえば数分もあればできるような細かな備品購入や調べ物なら、依頼を受けたその場で対処してしまう。自身でできないものであれば、その場で周囲にお願いをしてしまう。とりあえず話を受けて、後から考えて判断しよう……では、業務が溢れてしまうのですから。
書類作成や企画提案づくりであれば、まずは粗々でも概要がまとまった段階で、上司や周囲にフィードバックをもらうよう依頼することも大事です。完成度を高めてから……といって抱えつづけている間に他の案件がやってきて、結局腐らせてしまうことも。テンポよく中間報告と、それを受けた修正指示のやりとりは完成までのスピードを上げます。そして、自身にタスクを持っていないタイミングを生み出す、わけです。
後回しにした案件を抱えていると、そこに意識まで持っていかれて本来であればサクサクできる他の業務対応も遅くなってしまいがちです。いわば、ＰＣでいえばメモリをずっと食われてしまっている状態です。

サッカー日本代表チームは、チームプレーでボールを回しながら試合を組み立てていきます。そんなイメージで、仕事をしていくといえば伝わるでしょうか。

忙しい時こそパスを回せ、ボールを持つな。

忙しい時にこそ、思い出したいキーワードです。

030

いつも「やりたいこと企画書」は持ち歩こう。チャンスは突然やってくるから

21歳で僕が創業した頃、とにかく必死でした。何かチャンスがあればそれを掴みたいと思っていました。だから、いつも自分が取り組みたい企画書を出力して持ち歩いていました。平日、ビジネスバッグの中にあるのはもちろんですが、お休みの日だってデートの時だっていつも持ち歩くようにしていたのです。

だって、チャンスっていつやってくるかわからないでしょ？

たとえば、お正月の初詣の時だって列に並んでいるとすれ違う人の中には、地域の経営者さんなんかがいて「お、秋元くん。久しぶり！　あ、そうそう、この方知ってる？　せっかくだから紹介するよ」なんてお声がけいただくこともありました。出先でも、カフェやレストランでだって、偶然声をかけていただくことってあるものです。その時に、すぐ反応できるかどうか。それがチャンスを掴めるか否かの大きな分かれ道だと思います。

敬愛する友人・坪田信貴さんが、ちょうどこんなツイートをしていました。

「僕の持論では、**チャンスの女神に出会える人は**、基本人間には一つ一つがチャンスかどうかの判別なんてできないから、**普段から誠実にやってる人**。そうした人は、**大チャンスでも普段通りのパフォーマンスで実力を発揮し、後から見てチャンスを掴んだ人となる**」

同じ趣旨の発言だな、と感じたでしょう。実際のところチャンスなんてどこでやってくるかわからないものです。偶然といえばそれまでかもしれませんが、たとえばカフェで隣同士になった縁を活かせるかどうか。

20歳の時の話です。ちょうど2000年で、年末は100年に一度の世紀越し。僕は、友人たちと世紀越えのカウントダウンイベントをやろうと準備していました。その時、僕たちはステージに出演し、会場を盛り上げてくれるゲスト探しで困っていました。

そんな中、チャンスは突然やってくるものです。一緒に取り組んでいたスタッフが偶然カフェで隣同士になったのが、当時オリコン1位などにもなっていた女性アーティストのマネージャーさんだったのです。一人カフェでお茶していたイベントスタッフの友人はふと、その女性アーティストが年末に仕事が入っていない……と会話していたのを耳にします。そして勇気を出して持ちあわせた企画書を出し、マネージャーさんと出演交渉を始めました。結果、破格の待遇でその女性アーティストの出演が決定。イベントに花を添えていただいた、ということがありました。

たとえば、自身が関心を持っているテーマのシンポジウムや講演会に行き、会場の参加者の中に「あ、以前からお会いしてみたかった」という人に遭遇するなんてこともよくあるのではないでしょうか。その時に、自身や取り組みの紹介をさっとできる準備、つまりかばんに簡単な企画書や案内資料が入っているかどうかは、チャンスを掴んでその後に活かせるかどうか、の分かれ道なのです。

休みの日でもいつでもどこでも企画書は持ち歩く。
チャンスはいつくるか、わからないから。

まずは、名刺を2、3枚は財布やスマホケースに入れておく、ということでもよいでしょう。いつも持ち歩くものに名刺を入れておけば、突然のタイミングでも自己紹介や連絡先の交換はできます。

そして、自身が取り組んでいることや今後取り組みたいことなどを「やりたいこと企画書」

にまとめて持ち歩くことができればなおよいでしょう。会社に勤めていても、自身の自己紹介や、会社のことだけでなく自身の夢などを1枚にまとめて**「やりたいこと企画書」にして持ち歩けばよいのです**。

相手もお休みの日であれば、もちろん長々とお話しすることは無粋でしょうが、せっかく出会ったチャンスを活かしたいなら、とても重要なことではないかと思います。

その上で「わらしべ長者ランチの法則」でお伝えしたように、名刺をいただけたのであればお礼と今後についてのメールを送ってみてはどうでしょう。お会いした時のことや「やりたいこと企画書」のポイントなどを改めてまとめてお送りすれば、「あ、あの時に出会って、企画書を持ってきた人からのメールだな」と、覚えていただき、次へとつながる可能性は高くなるのではないでしょうか。

031

20代の貯金はいらない。「カネ儲け、よりヒト儲け」

学校を卒業して、就職する時。あるいは、転職のタイミングも20代のうちには訪れるでしょう。実際、大学卒業後に10年間同じ会社に勤め続ける人の割合は、50％程度というデータもあるようです。

つまり、「どんな職場で働くか」というのは新卒にかぎらず20代共通の悩み。給与や福利厚生、あるいは知名度や安定性を重視する人もいるかもしれません。一方で、やりがいや成長できる環境かどうかを重視する人もいるでしょう。

僕自身は21歳で創業し、そのままＧ-ｎｅｔの経営で20代を終えました。正直、給与水準はよくありませんでした。苦しい時もありました。大きな会社に勤めれば、もっと高い給与をもらえたのかもしれません。

ただ、20代を振り返った時に自身の仕事に後悔はありません。

以前、電気自動車を手掛けるベンチャー企業・ゼロスポーツ社長（当時）の中島徳至《とくし》さんにこんな印象的な言葉をかけてもらいました。

20代は、お金儲けよりも、ヒト儲けの方が重要なんだ。

お金はないよりあったほうがいい。けれど、20代の稼ぎの大小を比べても、一部の特別な例を除けば大した差じゃない。それ以上に、色々な人々と出会ってご縁が広がり、つながりが生まれていくことのほうがずっとずっと重要なのではないか、と思うのです。そして、**様々な魅力ある人とのつながりは、20代の仕事がその先の自身への【投資】になっているかどうかを見定める大きなバロメーター**と言ってもよいのかもしれません。

仕事をするようになってから、「ヒトを知っている」ということがちょっとの差だけれど、様々なチャンスを得られるか否かの大きな違いになると感じることが多くなりました。

そして、師匠や兄貴としたい目指すべき存在がいるかどうかは、これからを分ける大きなポイントです。振り返ってみた時に、どれだけたくさんの師匠を持てているのか。テーマや分野ごとに、複数の尊敬しベンチマークできる存在がいれば、相談をしたり頼ったりすることも容易でしょう。

20代にとって大切なのは、給与の多少の多寡ではなく、より自身を高めていける環境かどうか。そして、魅力的な人々とつながりご縁を持てているかどうか。もちろん、高い待遇とつながりづくりが両立できる仕事であれば、言うことはありません。しかし、どちらかを選べと言われれば、**チャレンジングでそして様々なつながりづくりができる時間の使い方を私は選びたい**と思います。まだまだ続く人生の中で20代は、前半戦。今後の展開で差がつく【投資】を自身にしてきたかどうか、がポイントなのです。

結果として30代以降、社会の中でより大きな役割や責任を持った時に差が生まれるからです。**20代はカネ儲けよりも、ヒト儲けできるかどうか。**自身を高め、そしてヒト儲けができる時間を過ごしたいものです。

「わらしべ長者ランチの法則」をはじめ、20代につながりづくりをしていくポイントをこれまでも紹介してきました。何も仕事選びだけでなく、日々の過ごし方で大きく変わること。

金儲けはそれからしても遅くない。

僕はスマホの中に「お会いしたい人リスト」をメモしています。著名な人もいるし、噂に聞く同じ業界の営業マンだったり。誰に会いたいか。そして、どんなことをお話ししてみたいか。お会いした人は、思いついた時にメモするようにしています。そして勉強会のゲストは誰にしよう……という時に、そのスマホのメモを見てみる。友人との会話の中で、リストにある方の名前や取り組みが出てくれば、うまくつながれないか探ってみたり。自ら「ヒト儲け」をするためにできる、ほんのちょっとの、しかし大事なコツです。ぜひ、皆さんもしてみたらいいと思います。

20代の貯金はいらない。
「カネ儲け、よりヒト儲け」

迷ったら、困難なチャレンジをしたらいい。力をつけてネットワークをひろげていく。そして、周りが付き合いたいと思うような自分になっていくこと。

それが30代以降に大きな差になっていくからです。

032
自分がやらなきゃ誰がやる、今やらなきゃいつやるんだって仕事をしたい

仕事を選ぶ基準はもちろん、人それぞれでしょう。安定性や給与、福利厚生が大事という人もいるでしょう。立地や知名度という人もいるでしょうし、一方、働きがいや成長できるか。もちろん、仕事内容も大きなポイントでしょう。

僕は、実はずーっとやりたいことや夢がありませんでした。大学に入ってから事あるごとに将来の夢を聞かれたり、先々やりたいことは？　と聞かれてもあまりはっきりと答えることができませんでした。

読者の中には、僕と同じように「やりたいことはなんですか？」と問われて言葉に窮する人も、きっとたくさんいることでしょう。けれども、それは当たり前のことだとも思います。

だって、中学校・高校・大学と学生生活を過ごす中で、ほとんどの人は学校の先生と塾の先生、そして親とバイト先で出会う人……くらいしかオトナに会うことがなかったのですから、

目指すオトナの姿をイメージするのは容易でないと思います。

だからこそ「目についたら行ってみる、誘われたら断らない」でも書いたように、様々なものにふれてみる・体験してみることが重要だと思うのです。たくさんの物事にふれる中でこそ、自分自身を相対化できる。そうやって、自分の中のモノサシが形作られていくのです。

学生時代に出会ったあるオトナの一言は、僕にとってキャリアの分かれ道でした。今でもよく思い出します。当時経済産業省の若手官僚だった、鈴木英敬《えいけい》さん（現・三重県知事）と小さな飲み会でお話を聞かせていただいた時のことです。

鈴木さんは、どうせ仕事をするのならば、と前置きした上で、こうおっしゃいました。

自分がやらなきゃ誰がやる、
今やらなきゃいつやるんだって仕事をしたい

はっとさせられたことをよく覚えています。

当時僕は、地域に戻ってＧ-ｎｅｔを事業として続けようかどうしようかと思い悩んでいました。この言葉はそんな僕の背中を押してくれたのです。多くの人が入社を望む広告代理店への就職もよいかもしれない（当時の僕は、大手広告代理店に就職とかをぼんやり考えていたりしました）。けれど、地域の中小企業の活性化や人材育成といった取り組みこそ、「自分がやらなきゃ誰がやる」という仕事。だからこそ、自身が取り組むべきではないか、と感じたのです。今から振り返れば、自分じゃなきゃ駄目だ……なんてとんだ勘違いだったな、と思いますが（苦笑）。

同時に、この言葉はこうもとらえられると思います。たしかに一見、自分以外の人でも同じように取り組める業務や役割は多いでしょう。でもどうせ働くなら「自分じゃなきゃ」「今じゃなきゃ」と思えるような仕事の仕方をしたいのだ、と。

たとえば、ポスター貼り。以前とあるプロジェクトで街のあちらこちらにポスターを貼らせてもらおうとしたことがあります。スタッフは、一店舗ずつ飛び込んでお願いに回っていました。そんな仕事は一見誰にでもできそうだし、正直モチベーションも上がらない。そんな中でも、メンバーの加藤美奈さんはまるで違いました。**「ポスター貼りという役割があるからこそ、これまで知らなかったお店に入ることができる。やり取りを通じて新たなつながりを作ることもできるんだ」**と。単にポスター掲示のお願いだけでなく、日々のご商売や商店街についてお話を聞かせてもらい続けたのです。信頼関係を築き、新たな事業展開のヒントもそこから得られました。

大切なことは「自分じゃなきゃできない仕事」を探すのではなくて、**目の前の仕事を、自分なりの努力と工夫で取り組むこと。**その結果が、「やっぱり、この仕事は◯◯さんじゃなきゃ」と言われることにつながるのではないか、と思います。

学生と面談していると「自分じゃなきゃできない仕事をしたい」という声をよく耳にします。気持ちはよくわかります、僕もそうでした。

けれど実際は、ほとんどの仕事や役割に代わりはきっといます。あなたじゃなきゃいけない仕事であるわけじゃない。そもそも、他の誰もできないような特技や特殊技能を持っている人など、そうそういないでしょう。

今振り返ると思います。あの鈴木英敬さんのおっしゃった言葉は、自分じゃなきゃ・今じゃなきゃという仕事や役割を探そう、という意味ではない。**目の前の仕事や役割を、自分じゃなきゃ・今じゃなきゃと思えるように果たそう、ということなん**だと思います。

普通の仕事をオンリーワンな仕事に生まれ変わらせるということなんです。

たとえば、佐々木圭一さんが著作『伝え方が9割』の中で紹介していた、ふせんマジック。ふせんって、言葉を書いてそのまま貼り付けるだけで使うことがほとんどですよね。ですが、提出書類などにつけるメモも、折って立てたり隠したりちょっとの配慮であなたオリジナルの感謝を伝えることができる。単にスケジュール調整の電話を客先とした時でも、その内容をメールにして確認のために送る、ということもそう。

普通の役割でも、オリジナリティあるよね！って言わせたいですよね。そのための工夫を考えましょう。あっと驚く人の顔を想像しながら、楽しんで仕掛けちゃいましょう。

033
困った時に「なんとかする力」が、一目置かれる存在になるポイント、だと思う

職場でも、友人をざーっと振り返っても「あいつは、やっぱり頼りになるよなぁ」って人いますよね。一目置く、という言葉がありますが、まさにそれ。辞書を開くとこうあります。

《囲碁で弱い者が先に一つ石を置いて勝負を始めるところから》自分より相手が優れていることを認め、一歩を譲る。強めて「一目も二目も置く」ともいう

ではどういう人が「頼りになる人」なんでしょう。日々きちんと決めたことに取り組める人や、細やかな心配りがデキる人、多くの注目を集めるような華のある存在……色々な意見もあるかもしれません。ただ、僕がこれまで出会ってきた人を振り返り**「頼りになる人」といって思い浮かぶのは、ピンチや窮地に相談しようと思う存在。**「あいつなら、なんとかしてくれる

かもしれない」と感じる人が思い浮かびます。

このままでは納期に仕事が間に合わない、目標が達成できない、トラブルになってしまいどうここを乗り越えたらいいのか……たとえばそういう時に「あいつなら」と思われるかどうか、ではないでしょうか。

では、なんとかする力、はいったいなんなのでしょうか。

（1）ピンチや窮地で逃げない、なんとかしよう、あがこうと思う姿勢

（2）必要があれば、粘り強く徹夜も辞さない、ふんばり

（3）自分だけでできないことは周囲に相談し、頼り、人を巻き込む

（4）フットワークの軽さ、瞬発力

ふと思い浮かぶのはこの4つの観点。それぞれについて、さらに見てみましょう。

（1）ピンチや窮地で逃げない、なんとかしよう、あがこうと思う姿勢

時間がない、やばい……という時であっても、困難な状況にあっても諦めないこと。なんとか乗り越えていこうという前向きな気持ち。そして、よりそって一緒に応援してくれるんだ、という姿勢。いわば、腹をくくる、ということ。そういう姿に、「ああ、頼りになる」という

ものを感じます。

（2）必要があれば、粘り強く徹夜も辞さない、ふんばり

そして、やると決めたからにはなんとしてでも乗り切ろう、という覚悟。限られた時間の中であれば、寸暇《すんか》を惜しんで踏ん張る姿。一見八方塞がりの状況でも、できることを一つずつ積み重ねていく姿勢。ふとふりかえった時に、一緒に居てともにがんばってくれる、そう感じられる安心感がそこにあります。

（3）自分だけでできないことは周囲に相談し、頼り、人を巻き込む

直面した困難は、限られた力や体制だけではなんともならない……ということも往々にしてあります。そうした時に、携帯片手に気軽に電話して協力を要請できるような巻き込む力。相談し、頼る。できないことは教えてもらい、それでもダメならどうにか手伝ってもらう。もちろん、そうした時に相談し巻き込める人のいるネットワークの広さ。

（4）フットワークの軽さ、瞬発力

声をかければ聞いてくれる、こちらを振り向いてくれるという信頼感。そして、緊急性が高いと思えば、万難を排して駆けつけてくれるような、瞬発力の高い存在。そんな人は、「頼りになるな」と思います。

では、ここで振り返るのは、自分は果たしてそうなれているだろうか、ということ。ただ、スキルというよりは直面しているモノゴトに、真摯《しんし》にホンキで向き合う、ということなのかもしれません。**一目置かれ頼りにされる存在になるために、いま改めて磨きたい「なんとかする力」**です。

困った時、逆風の時に頼りになる存在かどうかの重要性を伝える「雨天の友こそ真の友」という言葉を耳にしたことはありますか？　サークルの先輩がこの言葉を教えてくれました。三木武夫さん（元首相ですね、もちろんリアルタイムの記憶はありません）の言葉だそうです。順調な時（＝晴天）には人は集まってくるけれど、困った時や苦しい時（＝雨天）にこそ傍らにいてくれる友人こそ大事な人だという意味。

困った時に「なんとかする力」が、
あなたを「雨天の友」つまり、大事な存在に引き上げるのです。

034
誰と付き合うか、は人生を変える。僕が大事にしてきた、怪しい人の見分け方

誰とどんな時間を過ごすか、は人生を変えるとても大きなことだと思います。仕事上での付き合いも、プライベートな友達も、そして恋人だって、そうです。一緒にいる人に誰しも影響を受けるし、与えるからこそ、誰と付き合っていくかはとても重要な選択です。

社会の中で生活をしていれば、色々な人に出会います。若い頃、特に大学生や20代などは社会経験も浅く、詐欺に狙われたり、カモにされちゃうことも時としてあります。経験の浅さから、怪しげな人も魅力的に感じてしまうことがありがちです。学生や若手社会人と日々接する中で、そうした相談も、よく耳にしました。

本書を手にとってくださるような、「今よりももっと」と前向きな人であればあるほど、詐欺的なビジネスに取り組む人との出会いもあるかもしれません。

僕も大学生から20代にかけて、時に怪しげな人に出会うこともありました。また、僕は怪しいなと感じて遠慮したお付き合いも、そこに魅力を感じて踏み込んでいった友人たちの中には、その後大きな後悔をした人々もいました。

僕自身が、誰と付き合うかということで、意識してきたのはやはり「ルイ友」でした。自然に考えてみて、ちゃんとした人の友人はちゃんとしているはずです。怪しげで不適切な事業をしている人の友人には、同様の人がきっと多いのでしょう。

そして、社会的な立場や評価のある人は、誰と付き合うのかということに敏感だということに気が付いたのです。うかつに不適切な人との関係性を持つことは、即座にアウトとなるからこそ、細心の注意を払っているからなのです。

つまり、その人とのお付き合いを考える時には、その人が普段付き合っている友人や師匠、あるいはメンターというような人が誰なのか、ということを注目してみればよいのではないか、と思います。そのお友達に社会的にちゃんとした人が多ければ、ある程度まっとうな人だと類推できるでしょう。

中国の思想家・孔子にも「其の子を知らざれば、其の友を視よ」という言葉があるようです。やはり人は似た者同士が集まるからこそ、友人を見ればその人物が類推できる、ということです。

そしてもうひとつ重要なポイントは、**本当に怪しいかどうかが大事ではなくて、怪しそうに思われているかどうかなのです。**アンダーセンコンサルティング（現アクセンチュア）でパートナーもお務めになった森田啓介さんに教えていただいたことは、今もとても大事にしています。

自身のブランドというのは、直接出会う人ではなく、その先にいるいわば、「友人の友人」にどう思われるかだ、と。したがって、たとえば取り組むビジネスが本当に怪しいかどうかは重要でなく、怪しそうと思われているのかが大事なんだ、とおっしゃいます。

直接出会う人であれば、あって説明をすることもできるでしょう。ただ、「友人の友人」には直接一人ひとりすべての方にお会いして説明することはできない。だからこそ「友人の友人」にどう思われるかがブランドを作るんだ。だからこそ、本当に怪しいビジネスかどうかでなく、怪しそうだと人から思われているものは自分自身は取り組まないのだと教えていただきました。

自分自身が何に取り組むのか、ということと同じように、誰とお付き合いをするのかも、「友人の友人」からどう見えるのか、ということを意識してみてはいかがでしょう。

誰と付き合うか、は人生を変える大事なこと。そして、自身のブランドは自分が直接説明できない「友人の友人」が作るのです。だからこそ、何に取り組むかも、誰とお付き合いをしていくか、がとても大事。

だからこそ僕が大事にしてきた、怪しい人の見分け方「その人の友達はどんな人たちか」を意識してみてはいかがでしょうか。

035

夢や目標は描かない。価値観やモノサシは大切にする

正直に言うと、大学生の頃とか「将来の夢」ってありませんでした。いや、大学生の頃だけでなく、もしかすると今も「これを実現したい」という夢はないのかもしれません。

でも、はっきりした夢がなくてもいいんじゃないかと思っています、今。

20歳前後の僕は、将来の夢を聞かれることが嫌でした。何か「これ！」というものは自分の中にないのに、周囲のオトナに夢を語ることを期待される。そして、はっきりとした夢がないことに、どこかオトナからがっかりされてしまう、そんな風に感じていたのです。

これまでの自己啓発的な本だって「夢に日付を入れる」とか「夢を手帳に書いていく」とかといったものが多かったように思います。

夢や目標から逆算していくことが、それを実現するために大事なことなんだと言われてきま

した。そして、イチロー選手の小学校の作文はあまりにも有名ですよね。「僕の夢は、一流のプロ野球選手になること……」との書き出しからはじまり、逆算をしながら小学校の日々での野球への努力の仕方まで落とし込まれたもの。

明確にこれがやりたいのだ、ということがあるのであればこうして逆算をしていくということはとても大事なことだと思います。サッカー選手・本田圭佑さんやゴルフ選手・石川遼さんの小学校時代の作文も同じように、夢から逆算し具体的に描かれているものだと注目されました。本田選手は「Jリーグ、セリエA、そしてワールドカップの決勝でブラジルに2対1で勝つ」といった夢からブレイクダウンして描かれていました。そして、石川選手は「日本アマチュア選手権、日本オープン、そしてマスターズで二度優勝」といったところまで具体的な目標があり、そしてそこへの道筋として「みんなが一生懸命練習をしているなら、僕はその二倍、一生懸命練習をやらないとだめ」だと記しています。

確かに、夢や目標から逆算していくことはとても重要だし、できることなら、そうしたらいい。けれど、はっきりとした夢がなくても、別にいいんじゃないかと思うのです。はっきりとした夢と目標（to do）を持たねばならない、という強迫観念のほうがよっぽど不健全ではないでしょうか。

まして、遠く未来の夢や目標を定めても社会がどんどん変わっちゃう世の中です。前提とする社会が変わってしまうのだから、夢や目標を定めた逆算思考にも限りもあると思いますし。

10年前にはスマホはなく、20年前にはインターネットも一般的じゃなかった。30年前には携帯電話もごく限られた人のツールだった……今の中学生あたりには、信じられない話でしょう。鉄鋼や造船業に行くことが花形だった時代も、証券会社が勝ち組と言われた時代ももう昔となりました。そんな激しい変化の中で、一度決めた夢と、その道筋に固執することはもはや現実的ではないのではないでしょうか。

やりたいことを見つける方法として**「目についたら行ってみる、誘われたら断らない」という考え方**を紹介しました。様々な人や物事に出会う中で、自身が大切だと思うもの、ちょっと違うと感じるもの……様々なことを相対化することが大事だということ。そしてそんな中で、価値観が形成されるのだ、モノサシが少しずつ形作られていくと思うのです。

社会も時代も変わっていく中で、でも自身がどうありたいか（to be）というモノサシがあれば、変わりゆく中でも判断できるのではないでしょうか。そして、自分らしくあるための意思決定と行動をしていけるのではないだろうかと思うのです。

決まった夢がないことに引け目を感じなくたっていい。大事なことは目の前のことに、真剣に取り組むこと。その中で、自身が大切にしたい価値観・モノサシを意識すること。

どうなりたいかなんてわからなくても、「どうありたいか」がおぼろげながらでもあればいい。モノサシを持って日々を過ごせば、自身の価値観に合致した環境や機会を呼び寄せるのだと思います。

夢や目標は描かない。

価値観やモノサシは大切にする。

夢や目標は、常に変わりゆく「仮置きの存在」として、柔軟に見直していけばいいんです。

大事なことは、日々の判断を支えるモノサシ。自身が大事にすること、どうありたいかが重要なのです。

036
10歳上の先輩の今、と今の自分を比べなくてもいい。10歳上の先輩の10年前、と今の自分を比べればいい

師匠を持つことの大切さを、先にも書かせてもらいました。目指す人がいるからこそ、そこに向けての道筋を逆算して描くことができます。師匠や、憧れの先輩を持つことは自身の先々を思い描く上でとても重要なことです。

一方で、目指すべき師匠や先輩の存在と今の自分を比べると、とても大きな差があるように感じてあまりにも自身が無力なのではないかという気持ちに苛《さいな》まれることもまた、あります。

15年前、僕が21歳でG-netを始める時、憧れ、そして強く意識をしたのは、北海道のYOSAKOIソーラン祭りでした。大学生4人が言い出しっぺとなり始まったお祭りも、当時すでに200万人規模となっていて、その迫力に圧倒されました。創始者の長谷川岳さん（現・参議院議員）は19歳・大学2年の時に立ち上げたものです。

実際に当時長谷川さんにお会いし、自身とのあまりの差に衝撃をうけ、なんだか卑屈な感覚すら覚えました。ただ、その時、長谷川さんは30歳、僕は20歳。今の僕と、今の長谷川さんの間には圧倒的な差があるけれど、そこで落ち込んでもしようがない。大事なことは、10年後の自分自身が、今の長谷川さんと肩を並べるようになっていればいいんだ……と言い聞かせることにしました。

今だってそうです。売上アップに特化した中小企業相談所の金字塔・富士市産業支援センターf-Bizの小出宗昭さんを師として、OKa-Bizセンター長を拝命し、はや4年。ある程度OKa-Bizでも成果を出すことができた……と思い、しかし比べてみればその差は歴然としていることに唖然とします。

小出さんが、中小企業支援の世界に足を踏み入れたのが2001年。僕がOKa-Bizを始めたのが2013年のことですから、12年の差。そりゃ冷静に考えれば12年分のキャリアの違いが成果に表れて当然。それでも悔しいし、もっと力をつけたい、と思う。だからこそ、12年後に今の小出さんのような力をつけられるように、と思うのです。そして、今の僕が比べるとすれば12年前の小出さんでしょうし。

入社をしてしばらくの時期は、とにかく何もできないし、新たな環境に慣れようと必死だったでしょう。そしてそれが一段落すると、あらためて先輩社員との力の差を感じる機会も多いのではないでしょうか。

たとえば10歳上の先輩の仕事の力に羨望《せんぼう》の思いを持ったり、そして今の自身と比べて「自分、まだまだだなぁ」と思ったりして、なんだかしょんぼりしてしまうこともあるかもしれません。

でも、**比べるべきはその先輩の10年前と、今の自分**。あるいは、10年後の自分と、今のその先輩。そう思えば気持ちはすっと軽くなるのではないでしょうか。そして、**その差を埋め、さらには追い抜いていくためにはどうしたらいいだろうかと考え、そして実際に行動していけばよいのです。**

さらに、**10年後の自分が、今のその先輩を追い抜いていくためのヒントは、その先輩にあるのです。**どうしたら、その力を身につけることができるのか、聞けばいいのです。やり方だけでなく、考え方も、身の振る舞いも徹底的に真似ればいい。真似たつもりでも、絶対に自然と自分なりのやり方がまざるから全く同じにはなりません。

成長の仕方や成果の出し方を学び、自身に活かすことができれば、その先輩以上により速いスピードで成長を重ねていけるのではないかと思います。

目指す先輩の存在があるということは、そうなるための方法や道筋がわかる、ということなのです。だからこそ、**10年後の自分が、今目の前の憧れの師匠や先輩と肩を並べ、そしてそれ以上のパフォーマンスをあげられるようになろう、と思い、そしてひとつずつ取り組めばいい。**焦る必要はないし、**ベンチマークする存在がある分だけ近道を見つけたんだと思えばよいのです。**

10歳上の先輩の今、と今の自分を比べなくてもいいのです。
10歳上の先輩の10年前、と今の自分を比べて、成長していけばよいのです。

037

PDCAより、DCAPだと思う。まずやってみよう。だめなら、やめたっていいんだから

若手社会人の勉強会に呼ばれても、学生のキャリア相談をしていてもよく聞かれる質問はこうです。「なぜ一歩踏み出せるのですか？　志や計画をきっちりと固めないとだめですよね？」と。それに対しての僕の答えは、シンプルなのです。

だって、やりたいから。

やりたいことがあるなら、やったらいいと思うんです。
やりたいことをやる人生と、やりたいことをしない人生とどちらがよいでしょうか？　こうたずねれば、きっと誰もが「やりたいことをやる人生がよい！」って答えるでしょう。だから、

やったらいいのに、って思うのです。

そうするとすぐにこんな質問も飛んできそうです。「そんな気軽に始めてよいんですか？始めるからにはちゃんと責任を持ってやりたいんです」って。

気軽に始めて、いいんです。

じっくりと計画を作って、慎重に検討を重ねて……と言っている人は、結局そう言っているばかりでやらないことがとても多いから。そして、**まず小さく始めてみて、そして改善をしていけばよいのではないでしょうか。**たとえば、雑貨屋さんをやりたいというのなら、週末だけお気に入りのセレクションでフリーマーケットに出たらいいし、スマホアプリなどで出品してみるところからでも始めたらいい。

ＰＤＣＡは成長を加速するためにとても重要な考え方です。なかでも振り返り次に改善していく重要性を「Ｃｈｅｃｋ」に注目してお伝えしました。けれど、時として大きな問題にも直面します。慎重に、そしてじっくりと「Ｐｌａｎ・計画」をすることに固執して、そこから先に何も進まないという危険性。考えて、こねくり回して何も進まないくらいならば、まずは小さくやってみる。そして、振り返り次に活かしていく……このサイクルを小さくそして速く回すことがとても有効ではないかと思うのです。

だから、**今、PDCAという言葉にとらわれないように強調したいのは、DCAP。まずは、「Do・やってみる」ということが大事なのです。**そして、修正し改善していけるように、小さく始めることが大事。そして、始めてみて、それで「違うな」と思ったら、やめたらいい。

やってみてだめなら、やめればいいんです。

始めたことは、そりゃ続けたりやり切ることができるのならばそれは、それにこしたことはないと思います。だけれど、嫌ならやめたらいいと思うのです。始めても、いつだってやめることができると思えば、もっと気軽に一歩を踏み出すことができるのではないかと思うのです。もちろん、行動を起こすことは周囲の人々を巻き込むことですから、果たすべき責任はちゃんと果たすことは、もちろんですが。

僕が16年前にG-netを始めようかどうか悩み、当時慶應義塾大学助教授だった鈴木寛さん（現・文部科学省大臣補佐官）に相談をしたことがありました。岐阜で地域活性化の取り組みをしたいと思っているけれど、ずっと続ける覚悟や自信もないし、一方で始めるのならば、無責任に途中でやめるのは避けたい……と、当時の僕は鈴木さんに相談しました。鈴木さんの回答はこうです。「ではたとえば、半年間の期間限定と期限を区切って始めてみてはどうだろうか？　そして、さらに続けたいと感じればそうしたらいいし、やめたいと感じたなら半年で区切りにしたらよいのでは。考えていてもわからないこともあるし、やってみたいと感じているのならば、まずは始めてみればいいんじゃないか」と。

大事なことは、やりたいことがあるなら一歩踏み出すこと。小さく始めて、ＤＣＡＰのサイクルを回していくこと。そして、嫌になったらやめたっていい。やりたいこと、興味あることをまず始めてみよう。

ＰＤＣＡより、ＤＣＡＰだと思う。

まずやってみよう。だめなら、やめたっていいんだから。

038

みんなに好かれる必要がない、と気づいたら楽になった。10人の内5人に好かれ、5人に嫌われるのが君子だ、と孔子も言っていた

僕は、わりと周囲からの評判って気にしたりします。中学生とか高校生の頃なんてなおさらですよね。今でもつい、自分の名前でググっちゃったりもします。できることならやっぱり好かれていたいと思うんです。

以前、ヴォイスティーチャーとして活躍する磯谷《いそがい》祐介さんのお話を聞かせていただいた際に、こんなキーワードが印象に残りました。

別にみんなに好かれる必要がない、と気づいたら楽になった。

そして、ふと思い出したのが孔子の言葉。いつか何処かで聞いて、ああいいなぁ、って思ったのでメモってあったのです。これは秋元の口語訳です。

イケてる人（君子のことですね）は、10人いたら皆が絶賛する人ってことでなく、10人みんながディスる人のことでもない。10人いたら5人がイケてるって言い、5人はイマイチだって言う人だ。それを君子って言うんだ。

こちらは、孔子の論語「子路《しろ》篇」にある文章だそう。原典はこうです。

子貢問曰、郷人皆好之何如、子曰、未可也、郷人皆悪之何如、子曰、未可也、不如郷人之善者好之、其不善者悪之也

かなり意訳をしましたけれど、君子っていわば「イケてる人」ってことですよね。誰からも好かれる（＝嫌われない）ってのは、当たり障りがないわけです。

現状をよりよく変えていきたいって思う発言に対しては、肯定する人もいれば、現状維持を主張する人たちだっている。そりゃ、今の状況に恩恵を受けていれば変えることは望まないし、

今のママがいい。だから、高い志を持って正論を語り行動する人は賛否両論なんだと思う。それを象徴的に、5人と5人と意訳してみました。

確かに皆にとって耳障りのよいことばかりを言えば、みんな「いいね」って言ってくれるかもしれない。でも、誰にとってもよい、なんてありえないし、結局それでは何もよくならない。

正論って、時に人を傷つける

じゃないですか。いや、時に、っていうよりもいつも、なのかもしれない。

この論語の一節からも、同じことを感じるのです。

だから、新しいチャレンジをするって時に、そして何か意見する時に、みんながみんな評価してくれなくて不安な時に、この一節を思い出してみてはいかがでしょう。

変えていくことは、本当に必要な変化だとしても「今がよい」って人にとってそれは、ネガティブなこと。だから賛否両論なのだろうと思うのです。

胸を張って、評価も非難もあることを是として、意見すればいい。

手を挙げて行動していけばいいな、と思います。

気にしだしたら、何も言えなくなっちゃう。だからこそ、思っていることを言わない生き方と、思っていることを伝える生き方だったら、後者を選びたい。

僕も、以前は（いや、今でも結構気にしているんですけれど）どう評価されるか、嫌われたりするのはいやだなぁと思っていました。でも、やはり自身は自身でありたいのです。

そんな時に、この言葉を思い出すとずいぶん楽になった気がします。

みんなに好かれる必要がない、と気づいたら楽になった。

10人の内５人に好かれ、５人に嫌われるのが君子だ、と孔子も言っていた。

039
ほんのちょっと想像する力が、圧倒的な差になる

周りを見回してみると、先輩・上司から可愛がられている人っていますよね。一方で、そうでない人もいる。ずいぶんと前ですが、後輩たちと、「可愛がられる」というのはいったいどういうことだろうという話で盛り上がったことがありました。

可愛げを「要素分解」してみよう……と始まった話し合いは半日近く盛り上がったんですね。仕事ができることや要領のよさも大事な要素かもしれません。言うことを素直に聞けるということも大切かもしれません。とはいえ、仕事のデキは正直よくないのに、なぜだか先輩たちに可愛がられる……という人もいます。要領もよいし仕事もデキるのに、なんだか鼻につく……と可愛がられるどころか煙たがられてしまう人もいます。

結局様々な要素を出して議論をしても、結論は出ませんでした。ただ、その場にいた誰もが

「それは確かに可愛げあるな、って思われるよね」と異口同音に揃ったのが**「先回りをして準備する仕事の姿勢」**でした。一言で言ってしまえば**「配慮」**ということになるでしょうか。

Ｇ-ｎｅｔでインターンをしていた細貝征弘《ほそがいゆきひろ》くんや稲石卓也《いないし》くんの可愛がられ力も半端なかったなと思い出します。初めて訪問する企業営業では、議事録をとってもらおうと同行をお願いしました。オフィスを出発しようという時に、持参する資料とともに、訪問先企業の会社概要と地図が出力されているのです。「初めての訪問先なので、ご参考になればと思って」という一言とともに差し出されれば、悪い気がするはずもありません。

出先で一緒にランチでも……となれば、美味しそうに食べてくれたと思うと、お店の外に出て大きな声で「美味しかったです、ごちそうさまでした！」とお礼が言える。先輩が後輩たちに食事をおごるのは、ある意味当たり前かもしれません。しかし、そこでほんのちょっと先輩の気持ちを想像する力があれば、**「自分の分は出しますので……」なんて財布を出すよりも、大きな声で気持ちよくお礼を言えることのほうがずっと喜ばれるものです**。そうして、圧倒的な差になっていくのです。

もちろん、この二人はインターン時代はもちろん、ビジネスパーソンとして活躍するなかでも、多くの方々に可愛がってもらっているようです。

さらに、先日舌を巻くような「先回り」に出会いました。Ｇ－ｎｅｔが名古屋で行うイベントに、茨城県の企業さんに出展していただくことになりました。やり取りを担当していた錦見綾《にしきみ》さんの、業務連絡メールにＣＣで僕も入っていたので何気なく見ていると、そのメール末尾に驚きました。

「下記、お時間ある時にご覧くださいませ。

※※※せっかく名古屋に来たのだから、ナゴヤを満喫しないと！情報」

とはじまり、イベント会場近隣の「名古屋メシ」のオススメのお店を数店舗、自身の感想を各3～4行程度交えながら紹介していたのです。

これまで、メールや電話でのやり取りしかなかった遠方からの企業先に対して、ほんのちょっと想像すること。考えてみれば、わざわざ茨城県から名古屋に出張にお越しになれば、ご当地らしいものを食べたいと思うのは当然のこと。そこで、その気持ちを先回りして準備したこの配慮は、やはり圧倒的な差になります。

実際にこうして錦見さんがやり取りする企業さんは、ほぼ例外なく錦見さんのファンになり、可愛いがってくれるのでした。

一つひとつは、ほんのちょっとのことかもしれません。ちょっとした気遣い、と一言で片付けてしまってよいものでしょうか。

その**ほんのちょっと想像する力が、圧倒的な差になるのです**。そして、**可愛げとなる**んですね。

あなたの考える「可愛げ」とはいったい何でしょうか、ぜひ要素分解をしてみてください。「あ、この人、仕事の先回りできてるな」と感じる周りの人の行動を具体的に箇条書きで、書き出してみてください。そして、それを自身でも行ってほしいのです。

ほんのちょっと想像する力が、圧倒的な差になる。

20代だからこそ意図したい、先回りして準備する仕事の姿勢。

040

自分をレアな人材に引き上げてくれる2枚目の名刺を持とう

「働き方改革」という言葉を目にする機会が増えてきました。「働き方改革」とは、一口で言えば「長時間労働をやめて、生産性を上げていく」改革であると言えそうです。

今後、その「働き方改革」が進んで定時で帰ることが増えた時、あなたはその時間を何に充てるでしょうか。家族や親しい人と過ごす。趣味に没頭する。もちろん、使い方はあなた次第ですが、僕が選択肢のひとつとしてお勧めしたいのは**「2枚目の名刺を持つ」こと**です。言うまでもなく、1枚目の名刺は今あなたが所属している組織の名刺です。それとは別に、もう1枚の名刺を持ってはどうかという提案です。

興味・関心のある分野のサークルに入ってみる。地域活動やNPOに参加してみる。友達と会社を立ち上げてみる、というのも面白いかもしれません。もちろん、所属する企業の兼業や副業の規定をクリアした上で、ですが。

今までにない視点を持てるようになる

2枚目の名刺を持つと、視野が広がります。

「職業病」という言葉があるように、ひとつの業種・職種に長く従事していると、ものの見方が偏ったものになりがちです。新聞やテレビなどメディアを見ていても、自分に関係のある情報は感度高くキャッチするようになりますが、裏を返せばその他の情報をスルーしていることになるのです。

本業とは別にもうひとつ自分の顔を持つことで、その分野における情報へのアンテナが高くなり、今まで出会うことのなかった情報に出会えるようになります。

もちろん、情報だけでなく「人」との出会いも同様です。2枚目の名刺を持つことで、本業だけでは出会えなかった人に出会えるようになるはずです。さらに、その出会いには利害がないことが多い。つまり、上司や同僚、顧客という関係性の外にある出会いですから、友達を作ることにもつながるはずです。

自分をレアカードに育てる。

学生時代に大変お世話になった大先輩の一人に、藤原和博さんという方がいます。藤原さんはリクルート出身で、東京都初の民間人校長として杉並区立和田中学校の校長を務めた方。現在は奈良市立一条高等学校の校長を務めておられます。たくさんご著書をお持ちですし、多数のメディアにも出られていますから、ご存知の方も多いかもしれません。

僕が大好きな藤原さんの教えのなかで、**「100万分の1の人材になる方法」**というものがあります。詳しい解説はご著書などに譲りますが、かいつまんでお伝えすると、次のようなことです。

100万分の1の人材になるにはまず、ある分野で「100分の1」の人材を目指します。ひとつの分野で100万分の1になることはむずかしくても、100分の1ならできる。

そして、ひとつの分野で100分の1の人材になったら、**今度はまた別の分野で100分の**

1を目指す。それを3度くり返し、3つの分野で100分の1の人材になれば、掛け合わせることで100万分の1の人材になれるという考え方です。

底辺が長ければ長いほど高さのあるピラミッドになるように、3つの分野が遠ければ遠いほど、レアな人材になることができると言います。

この「100万分の1の人材になる方法」の話をする時、いつも思い出す人がいます。株式会社ハピキラFACTORY代表取締役の正能茉優《しょうのうまゆ》さんです。「地方×女の子」ビジネスの第一人者で、地方にある魅力ある商材をかわいくプロデュースして発信する同社を学生時代に創業。大学卒業後は同社の代表をしながら大手広告代理店でプランナーとしても勤務し、現在はソニーの社員として新規事業・新商品の開発にも携わる「パラレルキャリア女子」です。またテレビ番組では、コメンテーターとしても活躍しています。

彼女こそまさに、2枚目（3枚目・4枚目？）の名刺を持つことで、自身の価値を高めている好例。それぞれの分野での経験が、それぞれの仕事に相乗効果をもたらしているのです。

終身雇用の時代はすでに終わりました。健康寿命も伸び、現役でいられる期間もどんどん伸びています。ひとつの企業で勤め上げることのほうが、もしかすると珍しいものになっていくのではないでしょうか。

ＡＩの台頭で、様々な職業がなくなるのでは？　といった未来予測も一般的になりつつあります。だからこそ、自分自身を「レアな人材」に育て上げていくために、ぜひ２枚目の名刺を持って、新しいコミュニティに飛び込んでみてください。

041

「結果」と思っているものも、長い時間の中でとらえれば「経過」。取り返しのつかないことなど、そうそうない

仕事だってプライベートの中だって、大きな失敗をすることはきっと誰にでもあります。もちろん僕自身も大きな失敗をたくさんしてきました。仕事上での大きな損失、プライベートで信頼を失うような出来事……。もう取り返しがつかないんじゃないか、と途方に暮れてしまった時に、思い出していただきたいことがあります。

僕自身が、そんな時々に相談をさせていただく方のお一人がNPO法人ETIC.の宮城治男さん。日本の社会起業家育成の第一人者であり、ある種、仙人のような独特の空気感をお持ちの方です（いやまだ40半ばなんですが）。

取り返しのつかないこと、なんてそうそうないんだよ。

そう宮城さんが言葉を置くようにお話しになったのでした。

確かにそうかもしれない、と思います。ひとつずつ、地道に、そして逃げずに誠実にやっていくしかない。けれど、そうしていけば、きっと取り返しのつかないこと、なんてほとんどないのかもしれないと思います。

そして、さらにこう加えるのです。


「結果」と思っているものも、長い時間の中でとらえれば「経過」。


困難を前にすれば、目の前にあることがすべてのように感じるものです。「結果」が出た……と愕然《がくぜん》とすることもあるでしょう。けれど、それは今を切り取っただけのこと。長い時間の中で考えればその出来事も「経過」でしかないととらえる視点の重要性を教えてくださったのでした。

大学入試や入社試験の失敗で、第一志望の会社や学校に入れなかった、という結果に目の前が真っ暗になるような思いをした人もいるでしょう。親しい人、大切な人との別れで絶望的な感覚に陥った人もおいでかもしれません。けれど、その後の長い時間の中で振り返れば、人生の一つの経過でしかないととらえられる時がくるのでしょう。

その出来事から学び、次へ活かすこともあるでしょう。困難や失敗に出会ったからこそ、その先に出会うことになった縁や出来事もあるでしょう。

今の瞬間の困難も、長い時間軸の中でとらえれば成長と経験の過程でしかない。そういうものの見方が、救いになり成長へと導く大事な考え方だと思います。

とある友人が、以前新聞に大きく掲載されるような不祥事を起こしたことがありました。その翌々日に会うと、憔悴《しょうすい》しきった表情。聞けば、新聞に掲載されることがわかってから3日間眠れていないとのこと。街に出れば、すべての人に指さされ責められているように感じたようです。自ら命を絶つようなことすら心配される状況でした。

問題を起こした本人に責があるのは間違いのないことです。責任は取らなければいけませんし、必要なペナルティーを受け止めることも必要なことです。その後、彼は真摯に自身が起こした問題に向き合いました。誠意を持って謝罪をし、ペナルティーに服したのです。

彼のもとから、離れていった人もいたのかもしれません。一方で、また事件を契機に強い絆を結び直した関係性もあったでしょう。

その瞬間を切り取れば、不祥事は結果であり取り返しがつかないように思うもの。ただ、振り返って長い時間軸の中では、経過なんだということを今では感じられるのです。

自身にとっては「重大な結果」だと思っていることも、ドラマで言えば何話目なのだろう？と問い直してみるのもよい手です。せいぜい3話か4話目でしょうか。ピンチの最中に、この現場もドラマの一部だとしたらどうだろかと考えてみてはいかがでしょう。

きっとこのピンチの先には、次の展開が待っているはずです。自身がドラマの主人公であれば、もっと申し訳なさそうな顔をしなきゃ……なんて気持ちも浮かんできたらしめたもの。

「結果」と思っているものも、長い時間の中でとらえれば「経過」。

取り返しのつかないことなど、そうそうない。

すべての出来事は「結果」ととらえるのでなく「経過」ととらえるということ。平均余命で見れば、20代にとってこの先、60～70年と長く続く未来。大事にしたい視点です。

０４２

「見えない枠」に気づき、そして自由になる。それでも英語を学んだほうがよい3つの理由

「英語は学んでおいたほうがいい」

もう、何十回、何百回と目にふれ、耳にされている言葉かもしれません。わかってるよ。もういいよ。そんな心の声が聞こえてきそうです。

あるいは、「ＡＩが翻訳してくれるようになるから、もう学ばなくていいのでは？」という疑問も湧きそうです。たしかにテクノロジーの進化から、すでに日本語で話しかけるだけで瞬時に英語や他の言語に翻訳してくれる、「翻訳こんにゃく」のようなデバイスも登場していますね。

その上でなお、僕は言いたいのです。それでも、英語は学んだほうがいい、と。仮に一生、

日本を出ることなく、日本人としかコミュニケーションを取らないとしても、学ばないでいい理由にはならないとすら考えています。

もちろん、「世界の共通語」と言われる英語を話せるようになることで、世界70億人の大半と話せるようになるというメリットはあります。それだけでも、すごいことです。しかし、英語を学ぶ意義は、それだけではないと思うのです。知らず知らずのうちに誰もが抱いてしまう「見えない枠」から、自由になることができるのです。

僕が英語を学んだほうがよいと考える理由は、3つあります。いずれも、英語を学ぶ前とは比較にならないほど、あなたの可能性を広げるものです。

1、情報収集が「見えない枠」から自由に、ケタ違いになる

何か知りたい時は、まずは検索する……つい10年前まではなかった習慣が、いまや普通のこと。近所の図書館の中にある本から情報を探す……のではなく、誰もが世界中の情報を手元のスマホから検索し、知ることができるのです。

インターネット上のデータは増えつづけ、デジタルデータの年間生産量は、2013年時点では4・4ZB（ゼタバイト）。2020年には10倍の44ZBに達すると予測されているんだそ

うです。

1000ギガで、1テラ。1000テラで、1ペタ。1000ペタで1エクサ。そして、1000エクサで、1ゼタ、ということですから、1ゼタバイト＝1000000000000ギガバイトということ（笑）。

つまり、途方もない情報量がオンラインに存在しているのです。


とは言っても、日本語しかできなければアクセスできる情報はそのうちの一部。英語で検索できるようになることで、アクセスできるようになる情報量が、文字通りケタ違いに増えるのです。

つい先日もソーシャルビジネスの実例についてリサーチしていたところ、英語の専門情報サイトでほしい事例を学ぶことができました。あるいは、国際情勢などは、CNNやアルジャジーラなどのサイトで、日本のニュースでは目にしない異なる視点を得ることもできます。ちょっとした調べ物ひとつとっても、英語を使えることで有利に働くのです。

2、思考の「見えない枠」から自由に、幅広い選択肢から判断できる

人生は、選択の連続。どこに住むか。何を食べるか。どんな仕事に就くか。日々、私たちは

意識をするしないにかかわらず、多くの選択の結果を生きているのです。

しかし、選択肢がひとつしかないとしたら、どうでしょうか。比較対象が何もなく、何をするにしても、ただ一択。それでは、ベターなのか、ましてやベストなのかを判断することはできません。

実は、**日本語しか話せないということは、知らず知らずのうちにその「一択」を選ばされている**、と言えるのかもしれません。たとえば、住む場所。

「日本以外の国に住む」という選択肢を考えたことはあるでしょうか。仮に「日本の税金が高い」と思うのであれば、「税金　安い　国」とググって、出てきた国へ移住すればいいかもしれない。子育てがしやすい国、老後の福祉が充実している国という観点で、住む場所を選ぶというのもありかもしれません。

ビジネスにおいても、同じことが言えます。

『醸《かも》し《し》人《びと》九《く》平《へい》次《じ》』という日本酒をご存知でしょうか。

名古屋市にある萬乗醸造《ばんじょうじょうぞう》という蔵元が産みの親で、フランス・パリの三ツ星レストランのワインリストに名を連ねる日本酒として知られています。

『醸し人九平次』が興味深いのは、その人気がパリから火が付いたということ。15代目である久野《くの》九平治さんが直接パリのレストランへ営業にまわったことで、先の三ツ星レストランの目に留まったのです。

「まず、営業にまわるならどこがいいか？」日本国内だけでなく、世界に目をやり、多くの選択肢からひとつを選んだ結果と言えるのではないでしょうか。

3、伝わるはずだという「見えない枠」に、気づく

コミュニケーションとは「お互いが異なる」という前提で、お互いを知り合おうとすること、だと思います。しかしつい、日常生活の中では「これくらいはわかってるだろう……」という共通認識があることを期待しちゃうんです。

同じ言葉でも、受け取り手によって意味が異なるもの。

異なる世代とのやり取りも、異文化コミュニケーションなんですよね。たとえば「アイドル」という言葉に、50代は松田聖子さんを思い浮かべ、20代はＡＫＢ48を想像します。

いや、ＳＭＡＰという人も、光ＧＥＮＪＩという方もいるのでしょう。世代や性別など、同じ言葉でも想像するものが違うんです。

しかし、日本語だとその感覚は養いにくい。思い浮かべているものが全然異なっていても、単語が共通のものであれば一見コトは進んでいくからです。

英語で外国人と話す時は、そうはいきません。生まれてきた国も違えば、育った環境も違う。食べてきたものも、習慣だって全然違うわけです。文字通り「異文化」にふれることで、生きてきた背景が違えばこうも伝わらないものかと、日本人と接している以上にダイレクトに感じることができます。

「伝わらない」という大前提に立てば、コミュニケーションは変わります。相手が置かれている状況、文化、習慣などを配慮しながら、言葉を選ぶようになるはずです。

そして、この「相手の立場に立って話す」ということは、何も外国人との会話にだけ通用するものではありません。「伝わらない」ということを知ることは、日本語でのコミュニケーション力を鍛えることになるのです。

ここまでお読みいただいて、いかがでしょうか。

あらためて「英語を勉強してみよう」と思っていただけたら幸いです。

今は、学ぼうと思えば学ぶ方法はいくらでもあります。スマホでラジオを聞くことができますし、英会話を教えてくれるＹｏｕｔｕｂｅｒもいます。オンライン英会話を使えば、自分の好きな時間に好きな場所で学ぶことだってできます。

僕は英語を学ぶことをお勧めします。

043
仕事やプロジェクトは現代版「サンシュのジンギ」でうまくいく

大学生の頃に出会った川邊《かわべ》健太郎さん（Ｙａｈｏｏ！ジャパン 副社長。２０１８年6月、新社長に就任）は、当時から今も可愛がってくださる先輩のお一人です。お仕事とは別に勉強会をご一緒したり、イベントの企画運営をご一緒させていただいたりもしてきました。そんな中で、仕事やプロジェクトを成功させる大事な3つのポイントを教えてくださったことがありました。現代版の「サンシュのジンギ」が大事なんだとおっしゃるのです。

「三種の神器」といえば、天皇家に伝わる名高い宝物のことですよね。皆さんご存知でしょうか。伊勢神宮や熱田神宮、そして皇居にあるとされる「草薙の剣」「鏡」「勾玉」の三種を指します（これを下敷きにして、高度成長期には「カー」「クーラー」「カラーテレビ」を家庭の三種の神器と言いましたよね）。

川邊さんがおっしゃるには、こうです。

拍手、握手、挙手。

この「三手の人技」が仕事やプロジェクトのキモ。

【拍手】は、チャレンジする人に、お互いリスペクトしあうことが大事なこと。まずは、行動し取り組んでいる人へ拍手を贈ることから始めようというのです。ポジティブなフィードバックがお互いを高め合い、関係を築いていくのは皆さんも実感されているとおりです。

そして**【握手】は、コラボレーション。**自分一人で取り組めることには限りがあります。仕事やプロジェクトを進めていく上で、多様な人々との連携や助け合いは欠かせません。だからこそお互い握手し、連携して取り組むことが大事だ、というのです。

最後に**【挙手】**です。**自ら手を挙げて行動する人の存在が何より重要**だと、僕は考えます。「やってくれる人がいれば手伝うよ」「誰かやってくれないかな」、誰もがこう考えている限り、いわば「お見合い」している状態で何も動き出しも進みもしません。気がついたことを、気がついた時に、気がついた人が取り組んでいくこと。それぞれが当事者として手を挙げて行動をすることが大事なんだということです。

そして、**お互いのチャレンジをたたえ合う温かな【拍手】の存在が、【挙手】し、一歩踏み出す人々を後押しするのでしょう。**そして**手を挙げて行動する人々が【握手】することが、プ**

ロジェクトを進めていく上で大きな力を生み出していく。

３つの「手」による人の技が相乗効果を生み出していく、ということなのです。

失敗を社内表彰する会社が、あるそうです。挑戦に失敗はつきもの。成功すればそれはほめられるけれど、失敗もまたほめられるべきだという考え方。なぜなら失敗もまた挑戦をした結果だからです。

挑戦をお互いに評価したたえ合うことが、次の一人ひとりの挙手を生むのだと思います。そして、手を挙げ行動する人たちと拍手を贈る人々のコミュニティの中でコラボレーションがどんどん生まれていく。

拍手・握手・挙手……いずれももちろん重要です。この中で、まず誰もができるのは【拍手】からでしょう。自ら挙手するというのは誰もがそうそうできることではないかもしれません。拍手があるからこそ、挙手が生まれていきます。誰かのチャレンジを手伝う、ということであればもう少しとっつきやすい。だからこそ【握手】なんですね。握手があるからこそ、手を挙げて行動する人が心折れずに、そして大きなことをたくさんの人の力を借りながら実現することができる。

たとえば、会社の中であれば**部署で「今月のチャレンジ」をお互いに自薦・他薦で表彰し合う**、なんてこと始めてみてもよいかもしれません。「あいつ、こんなこと取り組んでいてすごいよ」ってＳＮＳでシェアしたりつぶやいてみるのもよいのかもしれません。そして、お互いに協力できることを出し合ってみる、なんていうふうに進めてみてはいかがでしょうか。

実際にＧ-ｎｅｔでは、社内の定期的な事業戦略を考える合宿機会には、それぞれのよいところをたたえ合う時間を作っています。そして、担当業務の発表に際しては単にフィードバックするだけでなく、自身がどう貢献できるかを記入したシートをお互いにわたし合うようにしています。定期的にそうした機会を作るようにしてから、スタッフ同士のやり取りはより円滑になり、仕事も順調に進んでいます。

仕事やプロジェクトは、

現代版「サンシュのジンギ」でうまくいく。

拍手、握手、挙手……「三手の人技」は大切にしたい仕事のキモです。

044

チャンスは、本当は誰にでも平等にやってくる。大切なのは「気づける」自分になること

「チャンスは突然やってくる」「チャンスの女神には、前髪しかないんだ」とよく言われます。だからこそ、チャンスがやってきた時に逃さずとっさに捕まえることができるように常に準備しておくことが必要だと言われるのです。後から振り返っても、後ろ髪がないからとらえることができないんだ、とも。

でも、僕は思うのです。チャンスは、実は誰にでも何度でもやってきているんだ、と。ただし、それを自身がチャンスだと気がつけるか否かが、大きな分かれ道。自分の夢ややりたいことに準備をしている人が、そのチャンスに気がつけるのでは、と思うのです。

つまりは、突然やってくるチャンスのために準備をするということではないのです。準備をしている人のところには、何度もチャンスはやってくるということなのです。

大阪・北新地に『鮨処 平野』という会員制のお寿司屋さんがあります。

「北新地で江戸前鮨」と言えば、真っ先に名前が挙がる名店。そこから何人ものお弟子さんが巣立たれ人気店を構えるなど、大阪のお寿司屋さんのなかでも名門と言えるお店です。お弟子さんたちが、各地で活躍をしている……というお話を伺うにつれて、なぜこのお店からは優秀な弟子が育つのか、興味が湧いてきたのです。そこで、大将に尋ねてみたことがあります（大将は寡黙な方で、お話をいただくのはほとんど女将さんでしたが）。

「『伸びる弟子』と『伸びない弟子』の差はなんですか」との問いに対して、女将はこうお話しされました。

「弟子入りしてしばらくしてから、ひとつ頼みごとをすればわかるんです」

仕込みや洗い物からはじまった修業の最中に「巻物、巻いてみるか」と大将が声をかけてみるのだそうです。そこで、「教えてもらっていないから、巻けません」と言い訳をする弟子は見込みが薄い、「はい、やってみます」と言ってそれなりに巻ける弟子は見込みがある、とのことでした。

もちろん、大将はどちらの弟子にも「巻物の巻き方」なんて直接は教えていません。教えていないのですから、「教えてもらっていない」なんてことは百も承知なわけです。その上でなぜ、「巻いてみるか」と声をかけるのか。そうすることで、弟子のこれまでの仕事ぶりや仕事に臨む姿勢を確かめたいのだそうです。

つまり、**声をかけた時にサッとやってのける弟子は、皿洗いをしていても、仕込みをしていても、のれんの奥から大将の仕事ぶりを見て学ぼうとしていたということ。**もしかすると、家に帰ってからも練習していたのかもしれません。伸びる弟子と伸びない弟子の差は、自発的に学ぼうという意識、チャンスを逃すまい、という準備にあるということです。

その話を聞いて**「チャンスは、準備している人のところにだけやってくる」**ということを思うのです。「巻物を巻いてみるか」という大将の言葉は、準備をしていた弟子にとってはチャンスですが、準備をしていなかった弟子にとってはただの「ムチャ振り」に過ぎないからです。つまり、準備をしていなければチャンスをチャンスとも思えないということ。だからこそ、「チャンスは、準備している人のところにだけやってくる」のです。

学生時代、コンサルティング会社でアルバイトをしている頃に僕にも似たような経験があります。コンサルティング会社とはいえ、アルバイトですから頼まれる仕事といえば資料のコピーやリサーチなど。いわゆる「雑用」です。しかし、「雑用」を「雑用」だと思えば、それ以上のことは望めません。ただ漫然とコピーを取っているだけではおもしろくありませんし、何より時間がもったいない。

そこで**僕は、コピーを取りながらすべての資料を読み込むことにしました。**

その時、意識していたことが2つあります。

ひとつは、**資料を精読することで、社内の動きを理解すること。**会社が今、どんな状況に置かれていて、今どんなプロジェクトが進行しているのか。その全体像をつかむことで、自分に求められていることを探ろうと考えたのです。

もうひとつは、**「自分だったら、この資料をどう作るだろう」**ということ。当時は企画書を作った経験なんてほとんどありませんから、構成はもちろん、デザインやフォントの使い方、色まで覚えるようにしていました。さらに、資料作りには会社のルールがあります。そのルールを覚えながら、よりわかりやすい資料がつくれないかをイメージすることにしたのです。

すると、「へぇ、今うちの会社ではこんなことが議論されているんだ」「こういう構成で作ると、わかりやすい企画書ができるんだな」など、コピーを取っているだけでも、ずいぶん多くの学びを得られるようになりました。

さらに**毎日続けていると、その仕事を頼まれた意図や背景までを理解できるようになっていきました。**そうなったら、しめたものです。ただ頼まれたことをやるだけでなく、**「追加でこういうことも調べておこう」「参考までに、この資料もコピーしておこう」**という**プラスアルファの発想ができるようになってくる**からです。

自然に考えれば、自分が上司なら期待以上の成果が返ってくるほうに仕事を頼みますよね。一つひとつの頼まれごとに自分なりの価値を加えて応え続けていくことで、ついにその日はやってきました。ある日、上司から言われたのです。「この企画書つくってみる?」と。もちろん、「教わっていないからできません」とは言いませんでした。

チャンスは突然はやってきません。
チャンスは、準備している人のところにだけ、やってくる。
そう。チャンスは、つくれるのです。

045

今日からすぐできる、差をつけるメモの取り方。自分の心の中をメモすることが大事

「何か質問のある人はいますか？」

たとえば、セミナーや会議の時。そう呼びかけられたら、あなたはどうされるでしょうか。手を挙げるほうがいいに決まっているけれど、質問も思いつかないし黙って周りの様子をうかがっている、という方は多いかもしれませんね。

でも、そんな時、誰よりも先に手を挙げて質問をする人もいます。しかも、質問の内容も「あ、たしかに自分もそれを聞きたかった」と的を射ていることが多かったりします。

どうしてすぐに、あんな質問を思いつくのだろう。どうすれば、あの人みたいになれるのだろう。これまでに一度でもそう考えたことのあるあなたに、ぜひ実践していただきたいテクニ

ックがあります。

そのテクニックとはただひとつ、「メモを取る」こと。

え、それだけ？　と思われるかもしれませんが、本当にそれだけです。

しかし、メモを取るか取らないかが大きな分かれ目。人生を左右すると言っても過言ではありません。それだけ、きちんとメモを取れる人が少ないということです。

とはいえ、ただ**話者が話していることをすべて丸写しするようなメモでは、あまり意味がありません。**また、黒板やホワイトボードに書かれていることをキレイに書き写す人もいますが、それだけではもったいない。後で見返すために記録しておきたいなら、後からスマホで撮影したってよいのです。話者は話していることを補助する意味で板書しているのですから、書き写すのに忙しくて話を聞けないのなら、本末転倒です。

よく「東大生のメモの取り方」のようなテーマの本や番組が話題になりますが、基本はよく話を聞くことです。そして、メモの取り方にもコツがあります。

では実際に、私が実践しているメモの取り方をご紹介します。

ノートであれば右端4センチほどに、PCであればドキュメントの下半分に余白をつくっておきます。これで準備は万端です。

あとは話を聞きながら、論旨は普通にメモをとればいいんです。そして、あらかじめ用意をしておいた余白に、自分の頭の中に浮かんだことも3つの観点でメモをするようにしたらいいのです。

1、気づき

セミナーに出るにしても、会議に出るにしても。せっかく同じ時間を過ごすなら、ひとつでも多くの気づきを得られるほうがいいですよね。気づいたことを忘れないように、**話を聞いていて「あ、なるほど」と思ったこと、今までにない発想、知識、面白いと思ったことなどをサッと記しておきます。**話を聞くだけでなく、手で書き、目にすることでさらなる「インプット」となり、気づきがより自分のモノになります。

2、違和感

話を聞いていて「?」と思うようなことも書き留めておきます。うまく説明ができないけれど、なんとなくひっかかったこと。すっと腹に落ちなかったこと。とにかく少しでも気になったらメモしておきます。そして、その違和感を後で話者にぶつけてみるのです。そうすることで、自分が何にひっかかっていたのか、もやもやが晴れてより深い理解につながることもありますし、「では皆さんで話し合ってみましょう」という議論のきっかけになることもあります。違和感は、気づきの種です。メモをしておくことで、思いもよらない気づきを得られることがあります。

3、疑問、もっと知りたいこと

「なぜ、そうなるのだろう」「こういうケースはどうなんだろう」という、話を聞いていて浮かんできた疑問や質問を書き留めておきます。ただただ、黒板やホワイトボードに書かれていることを書き写すのに忙しい人は、疑問を持つ余裕すらありません。話者の話に集中することで、考える余裕が生まれるのです。そして、お気づきのとおりこのメモがあることで、「質問はありますか？」という投げかけに対して、真っ先に手を挙げることができるようになるのです。

つまり、**自分の頭の中に浮かんだことを「メモにする」ことは「準備をする」ことです。**突然指名されてから質問を考えるのは大変です。でも、誰だってメモしたことを読み上げることはできます。考えながら話すことがニガテなら、「考える」と「話す」を分け、考えたことをメモしておき、話す時にただ読み上げればいいのです。

このメモの取り方をクセづけておくと、普段の仕事にも役立ちます。

たとえば、大切な会議で「意見のある人？」「質問のある人？」と呼びかけた時、いつもうつむいている人と、いつも手を挙げる人。どちらにいい印象を抱くかは、火を見るより明らかです。そんな時にさっと手を挙げられる人でいられたらどうでしょう。二度三度と繰り返すうちに一目置かれ、誰もがきっとあなたに意見を求めるようになるはずです。

さらに言えば、**同じ質問をするにしても、沈黙を破って1番に質問をする意義は大きい。**会議の進行役を経験すればわかりますが、質問の内容はさておき、真っ先に手を挙げてくれる人というのはありがたいものです。

いずれにしても、事前に準備をしておかなければ、誰よりも先に手を挙げることはできません。そして、その準備こそが、メモを取ること。

ライバルに差をつけたいなら、
自分の考えをメモすることをおすすめします。

046

モテること、仕事で成果を上げることに共通する、大事なこと

どうすればモテるだろうか。

若い頃の興味は、その一点に集約されると言っても過言ではないかも。僕自身、とてもエラそうには言えることではありませんが、学生時代にはモテたい、とずいぶん思いました。もう15年以上も前のことですから、若気の至りと、ご一読ください。

僕がモテるためにまずしたこと。

それは、**「どうしたら、僕はモテるの？」と一人一人に聞いて回るということでした。**そこで大切なのは、誰に聞くのか。よく同性の友達に「どうしたら彼女できるかな？」と尋ねている人がいますが、その行為そのものが「モテない理由」だと言ってよいほど、ナンセンスだと思うのです。

もし、**女性からモテたいのであれば、質問する相手は男性ではなく、女性にすべき。**だって対象者からどう評価されるか、が大事なわけです。だから、女性に質問するほうが確かだと思うのです。

そして**「当事者に聞く」という方法は、仕事においても有効**だと思うのです。

たとえば、あなたが営業の仕事をしているとしましょう。

新商品の導入についてお客様に提案したものの、自社を含む複数社から提案を受けていた先方から、「今回は別の会社に決めた」と回答をいただきました。

大切なのは、そのあとです。

「なぜだめだったのか」をきちんと見直しましょう。当然のことながら、先輩や上司は答えを持っていません。**唯一答えを持っているのは、複数社の中から他社に決めるという判断をした、お客様だけです。**

だとしたら、**「なぜだめだったのか」を聞くべき相手はお客様。**プレゼン内容がダメだったのか。価格が合わなかったのか。そもそも、提案内容がニーズに合っていなかったのか。その答えがわからなければ、次回以降も同じ理由で負け続けるということなりかねません。

最近は、様々な場面で審査員として、大量の履歴書や応募書類、申請書類に目を通すことがあります。そこで感じるのが、**「求める人材像や審査基準を理解せずに応募している」人があまりにも多いということ。**

いずれも応募要項に書かれています。だからその基準に従ってアピールをしてほしいのです。また、その応募要項にはモデルを明示していました。しかし、当該モデルを理解することなく持論を展開される方も多く、当然不合格となります。

大事なことはまず、相手が何を求めているのかを知ることです。

就職や転職であれば、その会社や組織がどんな人材を求めているのかを理解すること。求人サイトや募集要項に書いてある「資格」や「求める人材」をよく読むことです。募集主はその条件に合致しているかどうかで選考を行うのですから。

あるいは、機会があれば採用担当や人事に採用したい人材像を直接聞ければよいのかもしれません。「なぜ、その人たちを採用したのか」「自分はどうすれば採用されるのか」。唯一、その答えを知っている人だからです。

シンプルに考えれば、当たり前のことですよね。

だからこそ、**自分の評価は、モテたい相手に直接聞けばいいのです。**

その上で、企業が求める人材に合わせて、自分のスキルや経験をアピールすればいいのです。自己PRは、自分が言いたいことを好き勝手言う場ではありません。**自分が言いたいことを、「相手が聞きたいカタチにして」発表する場なのです。**言い換えればそれは、「どのように言えば相手が喜ぶだろう」と想像力を働かせることと言えるかもしれません。

そして、普段の仕事においても同じです。上司から依頼されたプロジェクトの企画、資料の作成など、その良し悪しをジャッジするのは上司なのですから、OKをもらうためには、上司が何を求めているのかを理解することが近道です。

その上で自分のアイディアを盛り込みながら、できることを精一杯やる。そうすることで仕事がスムーズになり、もっと言えば昇給や昇格につながっていくのです。

モテること、仕事で成果を上げることに共通する大事なこと。

それは、相手が求めていることを知るということ。

相手が求めていることを知る。求められていることに合わせて、アウトプットをする。こう書くと、当たり前のことかもしれません。しかし、その**「当たり前」ができている人は、意外に少ない。**だからこそ、相手が何を意図しているのかを理解するだけで、差をつけることができるのです。

047

特定のものに依存する、ということは不安定なこと。安定とは、依存しないこと

誰もが、安定した仕事や暮らしをしたいもの。おそらく不安定が快適だ、という人はあまりいないのではないかと思います。だからこそ、安定とはいったい何なのか、ということをちょっと考えてみたいと思うのです。

会社の経営、という視点で考えてみるととてもわかりやすいのです。

特定の取引先に依存する企業は、その売上構成そのものがリスクとなります。つまり特定の下請けに依存する、ということは大きなリスクを抱えるということです。売上の大半を依存している親会社に、ある日、突然契約を打ち切りと言われたならば、経営破綻の危機が突然やってくる、となるわけですよね。

いきなりの打ち切り通告はないとしても、たとえば価格交渉。もっと値引きしてくれと親会社からリクエストされるとしましょう。そして、「それに応じてくれなければ、他に代わりがいる」とでも言われようものならば、先方の要求を飲むよりないわけですよ。つまり、依存の構造は足下すら見られているわけです。

何かに依存すること、そのものが不安定なのです。

たしかに大口の取引先の存在があれば、やり取りする先も少なくて楽。一方で、特定の企業でなく複数の会社に取引があるとすれば、その管理は面倒で手間かもしれません。しかし、経営的な安定性はずっと増すわけですよね。

つまり、

安定とは、特定のものに依存しないこと

といえるわけです。

では同じように、個人のキャリアについても考えてみましょう。

会社組織への将来にわたった依存は、キャリアの不安定ではないでしょうか。安定を求めて大きな企業に入社しようとする人々も多数います。大きな会社に入ること、それそのものが悪いわけではありません。ただ、**将来にわたるキャリアをたった一つに依存することは、圧倒的に不安定ではないかと思うのです。**

安定を求めて組織にぶら下がる人は、組織から必要とされなくなった時、あるいはある日突然会社がなくなった時に、途方に暮れるわけです。テレビで目にするリストラ宣告を受け、先を見通せない人。あるいは、一方的な　給与減額や不本意な配置換えでも甘んじざるを得ない人たち。他の道がないからこそ、の困難なのです。

だからこそ、**自ら稼ぐ力を持つことこそが、安定だと思うのです。**

今いる職場での自身の振る舞いひとつで、変えていくことができます。まずは、自らの稼ぐ力を育むために日々の仕事をやれているだろうか。

そう自問自答し、意識することが大事な一歩となります。稼ぐ力とは、営業力……という意味ではなく、経営者や会社から求められ、うちの会社に来てもらいたいと思われること。

この会社に依存することなく、転職して他の会社や状況でも活躍する力があるんだ、と思えることは自信と安心を生み出します。

学生や、今転職を考える人々にとっては、そういう力を身につけるのに適したところか、という観点で仕事選びをすることも、よいかもしれません。

また、近年急速に注目をあつめる「兼業・副業」という仕事の仕方。日中の仕事以外に、アフター5や週末を活かして、小さくとも異なる収入の道を持つこともまた、自分のキャリアを複線化していく上で、有効な方法かもしれません。

会社経営で考えれば、依存が不安定だということはすぐわかるはず。個人のキャリアになるとたんに誰も気がつかないこの点。

特定のものに依存する、ということは不安定なこと。
自身キャリアや仕事でもそう。安定とは、依存しないこと。

ぜひ、知っておきたいこと。そして、**他から求められる人材になることこそが、安定を生むのです。**

048

20代のうちに〝一流〟にふれておこう。いいモノを知らなければ、悪いモノもわからない

若いうちはお金がない。だからなんでも、安く済むなら安く済ませてしまおう。そう考えていませんか。「プチプラ」や「コスパ最強」なんてキーワードについ反応してしまうという方は、もしかすると、知らず知らずのうちにそんなマインドになっているのかもしれません。

もちろん、節約することが悪いというのではありません。なんでもかんでも、高いモノがいいということもない（いいモノであることが多いですが）。しかし、なんでも安く済ませてしまうことで、見る目を養う機会を逃してしまっているのではないでしょうか。

いいモノを知らなければ、何が悪いかもわからない。
だからこそ、若いうちから一流にふれておくべきだ。

これは、僕の両親の教えです。

僕が小学生や中学生だった頃。秋元家では年に1度や2度の家族旅行が恒例になっていました。そのたびに父親は、東京であれば「帝国ホテル」を、石川であれば「加賀屋」や「百万石ホテル」など、いわゆる一流と呼ばれる旅館やホテルを予約してくれていました。

決して裕福だったわけではありません。父親は地方公務員、母親は専業主婦です。しかし、父親いわく「夕飯のおかずを1品減らしてでも」そうした場所での宿泊にこだわって旅行に連れていってくれていたそうです。まさに、若いうちから一流にふれる機会をつくってくれていたというわけです。

その場所に流れる清潔で上質な空気。そこにいる人たちの立ち居振る舞い。言葉遣い。話題にしていること。サービス。父親の言う「若いうちから一流にふれる」という価値を理解するのは、ずっと後になってからでしたが、子どもながらにプロと呼ばれる人たちの仕事は、記憶に刻み込まれていました。

「これが一流にふれるということか」とその価値に気づいたのは、自分のなかにいい店かどう

かを判断するモノサシがあることに気づいた時。家を出て、学生時代や大人になってから様々な場所へ足を運びましたが、どんな場所であってもビビることなく、気後れすることなく中に入ることができたり、その空間を冷静に楽しめるようになっていたからです。

学生時代、クリスマスデートで一流と呼ばれるような隠れ家レストランを予約したことがありました。友達や彼女からすれば、学生が行っていい店なのかとためらうほどでしたが、迷いなく店に電話し、予約をとっている自分がいました。しかし、自分が知っているいい店のさらに上を行く店だったため、すごくドキドキしていましたし、やはり当時の自分たちにとっては落ち着かず、そわそわしていたのを覚えています。

また、同じく学生時代に、サントリーホールの周年記念のコンサートへ行ったことがあります。もともとクラシックは好きで聞いていたのですが、1万円もするチケットは当時の自分からすれば破格の値段。一瞬躊躇《ちゅうちょ》しましたが、せっかくの機会だからと思いきって参加してみることにしました。

明らかに参加されている方たちの層、もっと言えば所得層が異なり、自分でも「場違いだな」

と感じるほどでした。そのなかでひとつ、すごく印象に残ったことがあります。クラシックの演奏そのものは当然よかったのですが、それよりも**記憶に残っているのは、観客のスーツの色。明らかに自分のそれとは違う「深みのある黒」であったことから「黒ひとつとってもこんなに違うものなんだ」と知ると同時に、自分とは住む世界が違う人たちがいるということも目の当たりにしました。**

一見、「一流を知っているはずなのに恥をかいている」ように見えるかもしれません。しかし、それはまったくの逆。子どもの頃の親の教育がなければ、きっと飛び込もうとさえ思わなかった世界だと思うからです。いいモノにふれてきたからこそ、その先の一流にふれることができたのです。

一流にふれておくという経験は、ビジネスにおいても有効です。

商談の場にホテルのラウンジを指定されたり、一流レストランで行われるパーティに招待されるなんてことがときどきあります。相手は40代や50代、あるいは自分よりもステータスのある人たちだったりします。10歳や20歳若い自分であっても、場に飲まれることなく相手と同じ立場で話を進められることは、大きなアドバンテージだと言えるのではないでしょうか。

恥をかいていいのは20代までかもしれません。30代を超えると、知らないということが人として恥ずかしいと思われるようになるからです。商談の場で舞い上がってしまったり、パーティの場で挙動不審になってしまったり。そんな大人にならないためにも、今のうちから一流にふれておくべきです。

簡単にできることで言えば、スターバックスやプロントではなく、ホテルのラウンジでコーヒーを飲んでみること。たとえば、デスクワークなどもそこですれば、いつもとは違う発想が浮かんでくるかもしれません。

今度のデートは、いつもの居酒屋でなくちょっと奮発しておしゃれで高級なレストランに行ってみてもよいのではないでしょうか。

20代のうちに〝一流〟にふれておこう。

いいモノを知らなければ、悪いモノがわかるはずもない。

だからぜひ、努めて一流にふれるようにしてみてください。

049

トレンドは、書店に「平積み」されている。視野を広げたいなら本屋へ行こう

今やもう車でさえネットで買える時代。本を買う時もａｍａｚｏｎや楽天ブックスでポチるという方も少なくないかもしれません。ハードカバーや雑誌なんかは、Ｋｉｎｄｌｅだとかさばらないので便利と思う方もいるでしょう。

でも、僕はこれだけ便利に本を買えるようになった今でも、ときどき実際に本屋へも足を運ぶようにしています。

自分の視野を広げたり、情報収集をする場として、これほど格好の場はないと思うからです。自分がほしいモノをいつでもどこでも、ダイレクトに、ピンポイントで購入できる。たしかにそれは、ネットショッピングのメリットです。しかし一方で、それはデメリットとも言えるのではないかと僕は思うのです。

ネットショッピングの場合、裏を返せば**自分がほしい本、興味のある本以外は知らず知らずのうちに排除してしまっているとも言えるからです。**ほしくない本、興味のない本を検索したりはしませんよね。でも、自分のほしいモノ、興味のあるモノをすべて知り尽くしている人なんて、いないのではないでしょうか。

まだ出会っていないジャンル、テーマのなかに、もしかすると今興味を持っていること以上に、のめり込んでしまうものがあるかもしれません。自分のほしい本、興味のある本を読んでいるだけでは、視野を狭めてしまうことになりかねないのです。

そう、ネットショッピングは自ら、タコ壺に閉じこもっているみたいなものです。

本屋は、社会の縮図です。

「本が売れない」と言われる時代。出版社は本を「売る」ために、今、世の中で話題になっていること、興味・関心のあることをリサーチして出版をしています。

社会の課題は、本屋で平積みになっていると言われたりします。

「新刊コーナー」や「話題の本」「ベストセラー」のラインナップを眺めれば、今、**世の中の人はどんなことを「面白い」と思っていて、どんなことを心配していて、どんな暮らしをしたいと思っているのか。**いわゆる世相を知ることができます。

また、雑誌コーナーでは世の中にはどんな世代や所得層の人がいて、どんなことに興味を持っているのかを知ることができます。

オススメは、**男性であれば女性誌のコーナーへ、女性であれば男性誌のコーナーへ足を運んでみること。**ネットであればわざわざ検索して買わないと読むことができませんが、本屋ならふらっと行って眺めることができます。

たとえば男性なら、女性のファッションアイテムのほうが、安くておしゃれなものが多いなとか、ファンデーションとか美容液ってこんなに高いんだという気づきがあるかもしれない。特集や「お悩みコーナー」なんかを見れば、女性が普段、何を考えていて、男性にどんな不満を持っているのか、なんてことを知るヒントを得られるかもしれません。

もちろん、自分の興味のあるコーナーへも行ってみてください。そして、**普段なら絶対に買わないような雑誌を手に取ってみてください。**

たとえばファッション誌ひとつとっても、年齢や年収、趣味嗜好などによって「こんなにも種類があるのか」と驚かれるはず。それぞれの雑誌を読む人がどんな価値観を持っていて、どんなライフスタイルを送っているのか。掲載されているアイテムの価格や着回しコーディネート例なんかから推し量ることができます。「え、Tシャツ1枚でこの値段？」とびっくりするようなこともありますが、それをなんの疑問もなく購入する人は必ず存在しているのです。こうして自分とは違う世界の人がいるということを知るだけでも、世の中を知るひとつのきっかけになります。

そして、ぜひ**趣味のコーナーも覗くといいでしょう。**

『月刊むし』、『月刊おりがみ』、『愛犬の友』、『墨』、『囲碁未来』、『ワンダーフォーゲル』、『島へ。』、『月刊Ｇｕｎ（ガン）』、『ラジコン技術』、『毛糸だま』、『宇宙船』、『新ハイキング』、『日本の名峰』、『田舎暮らしの本』……と挙げればキリがありませんが、一見すると「誰が買うんだ？」と思うようなものでも、雑誌になっているということは、それだけ需要があるということ。買う人がいるということです。まさに、見ようとしなければ出会えなかった世界があるのです。

そして**僕は何かについて調べる時は、本を「1万円分読む」と決めています。**そうすれば、そのテーマの全体像を把握できるだけでなく、通説や一方で意見が分かれている事柄について、両者の視点までを知ることができるからです。

つい先日も、**「商店街の活性化」について1万円分の本を買って精読しました。**今、注目されている取り組みには、どんなものがあるか。それぞれについての利点や盲点。多くの本に登場する事例や考え方は、重要なことだということも確認できます。そして、一過性のものである祭りやイベントには批判的な意見が多いことなど、1万円分の本を読めば、そのテーマの界隈でどんなことが行われていて、どんなことが問題になっているのかを一通り知ることができます。

そうすることで、自分の意見がより深まるのはもちろんのこと、同じように反対意見についても詳しくなるため、「反論の反論」ができるようになるのです。

つまり物事をひとつの側面からだけでなく、複眼的にとらえられるようになるということ。どちらか一方の意見に偏るのではなく、双方の言い分を理解した上で、自身の立ち位置を決めることができるのです。

さらに、**読むことと同じくらい大切なのが「感想を書く」ということ。**小中学校の時に読書感想文を書いた本だけは、覚えていたりしませんか。人間は、忘れる生き物です。読んで得た知識を忘れないためにも、書いて残しておくこともまた重要です。**アウトプットは、最大のインプット**。読んでなんとなく理解していたことが、感想を書いているうちにみるみる整理され、使える知識として定着していきます。

また、**感想をまとめる際はぜひ、ブログなどのデジタルメディアを活用されることをお勧めします**。

感想をブログなどにまとめて友人・知人と共有することで、「そのテーマなら、この本がオススメ」「こんなテーマの本もあわせて読んでおくといいよ」と求める情報が集まりやすくなりますし、同じ本を読んでいても自分とはまったく異なる感想を持つ人が現れるなど、気づきを得るきっかけを作ることができるからです。

そして、**自分の知識のデータベースになるということです**。

得た知識をデータとして残しておくことで、後からいつでも検索できるようになる。時間が経ち、本の内容を忘れてしまったとしても、そのデータを遡ることで記憶をひもとくことができるようになります。加えて、当時と今の自分の考えを比較することで、新たな気づきを得るということにもつながります。

いかがでしょうか。いくつかのコーナーを覗いてみるだけでも、それまでの自分が、いかにせまい世界にとらわれて物事を考えていたのかに気づけると思います。

たとえ**小さな本屋でも、そこは新しい世界への入り口です。**家のすぐ近くに、世の中を知るためのチャンスがあるのです。これを使わない手はありません。大きな本屋なら、なおさらですよね。

あなたがどんな仕事をしていたとしても、世相や世の中の人がどんなことを考え、興味を持っているのかを知ることは、顧客を知ることにつながります。もしかすると、「生き方」すら変えてしまう出会いがあるかもしれない。

自分の視野を広げたい、情報収集をしたいと思うなら、まずは今週末にでも、本屋へ足を運んでみてください。

050

決意を新たにしても意味がない。小さな一歩を踏み出そう

たとえば講演会に参加したり、挑戦している友人を目の当たりにしたりするとすごい刺激を受けますよね。なんだか、自分はこのままじゃダメで、一歩踏み出そうって。

宿題ができていない時だって、夏休みの始まりだって「今度こそは」って決意をしますよね。だけれど、決意を新たにするってことほど罪深いものもないと思うのです。

だって、決意をして本当に完遂できるのならば、きっとなりたかった自分にもっともっと近づいているのではないでしょうか。ダイエットだって夏休みの宿題だって、決意をしてもつい「今日は……。明日から」ってズルズルといってしまった過去は誰しもあるのではと思います。

もちろん、僕自身もご多分にもれず、そうです。

きっと人間というのは、とても意志が弱いのでしょうね。ラジオの英会話を1日15分ずつ、朝ランを週に2、3度……と決めてもつい気がつくとズルズルいっちゃう。一方で、ちゃんと

自身で決めたことをやっている人がいるのも事実。その違いはいったいどこにあるのでしょうか。

以前、経営コンサルタントの大前研一さんのこの文章を目にした時に、まさに！と激しく共感したので、ぜひご紹介をしたいと思います。

人間が変わる方法は3つしかない。
1番目は時間配分を変える。
2番目は住む場所を変える。
3番目は付き合う人を変える。
この3つの要素でしか人間は変わらない。
最も無意味なのは「決意を新たにする」ことだ。

大学では、数年前からキャリアに関する授業を担当させていただいています。学生からの感想レポートを見ながら、無力感すら覚えるのが「刺激になりました」「よし、がんばろう！」とか「もっと前向きにいこうと思います」といった文言。一時の気持ちの高ぶりは続かないからこそ、具体的に何を変えるのかが大事なのだと思うのです。そして、その具体的な方法として大前研一さんは、（1）時間配分、（2）住む場所、（3）付き合う人を変えることを指摘されているわけです。（1）時間配分は、時間の使い方を変えろということ。つまり具体的に行動を変えることが大事だということなんですよね。行動を始めるから習慣が変わり、習慣が変わるから結果につながる。

いきなり大きく行動を変えることは難しくても、たとえば帰り道に本屋さんによって関連書籍を買ってみるとか、今すぐスマホで調べてみるとか、セミナーの予約をまずしてみる、とか。あるいは、SNSで始めることを宣言してみるというのもいいでしょう。

今から、今日から小さくてもできることを始めてみるということがとても重要だと思います。

そして、（2）・（3）の住む場所や付き合う人を変える、ということを考える時に、ふと思い出すのはリクルート社の社訓。

「自ら機会を作りだし、機会によって自らを変えよ」

僕には、こう思えるのです。**自らを、自らで変えるのはとても困難なことだ。だからこそ機会を作り、身の回りの環境を変えていくことが重要なんだ、と。**環境を変えるということは、つまり出会う人やふれる経験が変わるということ。新たに出会う環境や機会によって自身を成長させ、そして変えていくことの必要性を説いているのだと僕は受け止めました。

大きなものから小さなものまで含めれば、決意は日々の中にあふれています。その決意を、そのままで終わらせるのか。小さくてもよいから、具体的なネクストステップにして、始めてみるのか。

住む場所を変えるのは容易でなくても、でもたとえば部署を変わったり、新しいサークルに参加してみること。あるいはダブルスクールなど属するコミュニティを新たにしてみることであれば、誰でも可能でしょう。

興味のある分野の勉強会やセミナーに参加して、なりたい自分に近い人、つまり目指すべき人と過ごす時間をとってみる、というのはいかがでしょう。まずは関心あることの始め方をインターネットで検索してみる、ということからだっていい。**具体的に、今、小さなことから始めてみるということがとても重要だと思います。**

決意を新たにしても意味がない。
具体的な小さな一歩と、やらねばならぬ環境をどう作るか。

日々の小さな分かれ道の繰り返しが、振り返ると大きな差になるのだと思います。

おわりに

わかる、とできるは違うんだ。小さなことでも、今から、今日から始めること

僕は、自己啓発書をこれまであまり読んできませんでした。なんだか、本を読んで満足してしまうであろう自分が想像できて嫌だったからです。読んで、自己啓発ができた気になってはいけない。何度も本文中でお伝えしてきたとおり、まずは行動してみる、ということが大事だからです。

だからこそ、具体的にすぐに行動に活かしてもらえるように、意図して本書を書き進めてきました。

この本をこうして手に取り、最後まで読み進めてくださったあなたにぜひ伝えたいこと。

変わりたいと思っていても、そう思っている限り変われないのです。変わりたい、と思うことはもちろんとても大事な一歩。だけれど、思っているだけでは誰も変えてくれない。結局自分で自分自身を変えていくよりないわけです。

だからこそ実際に、**小さくても行動を変え、そして習慣を変えることが大事**なのだと思うのです。

野田一夫さん（多摩大学創始者・名誉学長）が、志についてお話しされたエピソードを友人に教えてもらったことがあります。志には３つの要素があると。まず、志は壮大なものでなければならない。そして、志は人を感動させるもの、ワクワクさせるものでなければならないと。僕がとても注目したいと思ったのは、３つ目です。「こうなったらいいな」とか「いつかやりたい」というのは願望であって、志ではない、と。**「今から、今日から取り組むんだ」というものを志とよぶ**、というお話でした。

小さなことでも、今から今日から始めること。
その行動の変化が、習慣を変え、意識を変え、日々を変えていくのだと思うからです。

たとえば、もっと積極的に過ごしていこうと思う……とするならば、具体的に何をどう変えるのか、行動レベルに落とし込んでいきましょう。そのためにたとえば、まずは会議では複数回質問をする、と目標を設定してみてはどうでしょう。であれば、そのためにどうしたらよいのか……とブレイクダウンしていくのです。

あるいは「わらしべ長者ランチの法則」。いいな、と思ったなら、早速今日、今ここで1人目になってほしい人を決めて、ランチをお誘いするメールを送ってみましょう。

会ってみたい、話してみたいと思う人がいれば、その人の名前でググってみたらいいんです。SNSアカウントや公式ページに連絡先があれば、お会いしてお話をさせてほしい旨を、具体的に書いてみたらいいんです。連絡先が出てこなければ、「○○△△ 講演」とかって検索し、セミナーがあれば参加し声をかけてみればよいじゃないですか。恥ずかしい、緊張する……というのであれば、思いを伝える手紙を書いていったっていいですし、会場で声がかけられなければ、出待ちだってしてみればいい。

岐阜県多治見市に、（株）コミュニティタクシーという会社があります。地域の困り事に応えたい、と岩村龍一さんが創業をされた会社です。コミタク（通称、こうよばれています）は交通弱者を支援する存在として、今では経済産業省からも表彰されています。岩村さんは、若い頃はかなりヤンチャもした、とご本人。ある時、しみじみおっしゃった言葉を、時折思い出します。

たとえメッキでも、何度も何度も塗り重ねれば、いずれ無垢《むく》となる。

メッキとは表面に金属の皮膜でコーティングすること。モノにもよるようですが、1／1000ミリ程度の薄いもの。摩擦などで剥《は》がれてしまうこともあるようです。それでも積み重ねていけばどんどん膜は厚くなるということ。気がつけば、ちょっとやそっと削れても剥がれて地が現れることもなくなるというたとえです。

僕は20代の頃、人に感謝の言葉を伝えることがとても苦手でした。つい、当たり前のことのように感じがちだったからです。照れくさかったのかもしれません。仲間が去る経験や周囲からの指摘を受けて、ある時そんな自身を変えようと、メールやメッセージに「ありがとう」と添えるようにしてみました。

日々の会話でも意図して「ありがとう」と言うようにしてみました。今から振り返れば、最初は定型句のように「ありがとう」と付けていた感じだったのかもしれません。当初、周囲の反応は「とってつけたみたい」とか「気持ち悪い」「なんか、秋元さんじゃないみたい」というものでした。ただ、それでも続けていくうちに、徐々に自然なものとなっていくのでした。自身のなかでも「ありがとう」とお礼を一言添えることへの照れも気がつくとなくなり、自然な振る舞いとなっていきました。それが今では自身にとって普通なこととなり、当たり前のこととして定着したのではないか、と思います。

何度も「ありがとう」と伝えることで、その気持ちはより相手に伝わります。また、伝え方もきっと上手になったのだと思います。

何か新しいことを始めたり、現状を変えようとすればこれまでとの違和感を、周囲も自身も感じることがあるのかもしれません。

まるで、とってつけたかのようだなんて、メッキのようです。メッキとは、表面にとっても薄い金属の皮膜を作る、という工業的な加工の手法ですよね。「メッキが剝がれる」なんて表現があるように、最初はうまく定着しないのかもしれません。けれど、続けていくどうでしょうか。

ほんの1／1000ミリの薄い膜だとしても、何十回何百回と重ねていけば、気がついた時には無垢のようになるのではないか、ということを岩村さんはご自身の経験をもとに話してくださいました。

気がついたら、まずはやってみたらよいのです。そして、やり続けていくことが自身を変えていくことになる。自身が変わったからできるようになるのではない。やってみるから、自身が変わっていくんですね。

朝早く起きてみて本を読む時間を作る、ランニングをちょっと始めてみる、Ｓｋｙｐｅ英会話を始めてみる、ボランティアに取り組んでみる……何となく気になっていて、やりたいけれど躊躇していたことだって、始めてみればいいのです。

たとえメッキでも、
何度も何度も塗り重ねれば、いずれ無垢となる。

小さくても始めてみること。そして、少しずつでもよいから続けていくこと。ちょっとずつの積み重ねも、気がついた時に振り返ってみれば大きな差を生んでいるものだから、です。

小さなことでよいから、今から、そして今日からできることを始めていくのが大事。一歩踏み出し、そして二歩・三歩と足を動かせば、もう以前の自分とは違う所に動き出しています。

本著でお書きしてきたことの一つひとつは「言われてみれば、そりゃそうだ」と感じる方も多いことかもしれません。しかし、

わかると、できるは違うんだ

と改めて思います。本を閉じる前に、今日、これからやってみることをちょっと書き出してみませんか。そして、小さな行動でも始めてみましょう。

小さなことでも、今から今日から始めることが大事なんだ。

本著が、単に「よい刺激になった」という感想で終わることなく、それぞれの小さな、でも大事な一歩につながったとしたならば幸いです。

秋元 祥治

2018年2月

▼ 参考文献

『どんな人でも頭が良くなる 世界に一つだけの勉強法』 坪田信貴（PHP研究所）
『「自分」を仕事にする生き方』 はあちゅう（幻冬舎）
『伝え方が９割』 佐々木圭一（ダイヤモンド社）
『10年後、君に仕事はあるのか？——未来を生きるための「雇われる力」』 藤原和博（ダイヤモンド社）
『ワンストップ・コンサルティングの実践』 小出宗昭（同友館）
『２人の障がい者社長が語る絶望への処方箋』 恩田聖敬（左右社）
『入社1年目の教科書』 岩瀬大輔（ダイヤモンド社）
『多動力』 堀江貴文（幻冬舎）
『仕事の思想―なぜ我々は働くのか』 田坂広志（PHP研究所）
『時間とムダの科学』 大前研一（プレジデント社）

▼ special thanks

秋元舞・うい・ここ・あす、坪田信貴（p114、153）・真紀、
G-net・OKa-Bizのみんな、松田広宣
土江英明、轡田昭彦、中井辰也、榊智朗

出雲充（p83）、磯谷祐介（p185）、稲石卓也（p190）、岩村龍一（p250）、恩田聖敬（p105）、笠間淳（p95）、加藤美奈（p162）、川邊健太郎（p209）、楠忠師（p121）、久野九平次（p206）、小出宗昭（p64、98、178）、後藤一俊（p139）、税所篤快（p82）、佐々木圭一（p163）、佐藤考治（p34）、正能茉優（p196）、鈴木英敬（p161）、鈴木寛（p5、79、183）、高橋亮平（p132）、田口義隆（p60、68、135）、竹内真人（p94）、竹原敬二（p149）、中島徳至（p157）、錦見綾（p191）、長谷川岳（p111、177）、鮨処平野（p214）、藤原和博（p133）、細貝征弘（p190）、水鳥寿思（p115）、宮城治男（p39）、森田啓介（p171）、山本尚史（p62）、（敬称略・五十音順）

［著者］
秋元祥治（あきもと・しょうじ）
岡崎ビジネスサポートセンター・OKa-Biz センター長／NPO法人G-net理事（創業者）
1979年生まれ。大学在学中の2001年、21歳で地域活性化に取り組みたいとG-netを創業。中小企業支援と若者をつなぐ長期実践型インターンシップ事業を立ち上げ、高校教科書「政治経済」に掲載されるなど高く評価されている。一方、中小企業支援をf-Biz・小出宗昭氏に師事。2013年よりOKa-Bizセンター長に就任。4年間で8000件を超える相談を受け、売上アップをサポート。3～4週間の相談待ちがでる人気の相談所となっている。経済産業省「キャリ教育アワード」優秀賞、「ものづくり日本大賞」優秀賞などを受賞。早稲田大学社会連携研究所招聘研究員・内閣府地域活性化伝道師。
経済産業省「地域産業を創り出す33人の演出家たち」のうちの一人として、また雑誌「AERA」や書籍『社会起業家になる方法』では、日本の主な若手社会起業家の一人として紹介されている。

20代に伝えたい50のこと

2018年２月28日　第１刷発行
2023年11月20日　第４刷発行

著　者――秋元祥治
発行所――ダイヤモンド社
〒150-8409　東京都渋谷区神宮前 6-12-17
https://www.diamond.co.jp/
電話／03･5778･7233（編集）03･5778･7240（販売）

装丁――――轡田昭彦
本文デザイン―中井辰也
製作進行――ダイヤモンド・グラフィック社
印刷――――ベクトル印刷
製本――――ブックアート
編集担当――土江英明

ISBN 978-4-478-10481-1